浙江省普通高校“十三五”新形态教材

互联网金融与大众生活

李跃华 ◎主　编
张洋海　曾夏凤 ◎副主编

INTERNET FINANCE AND PUBLIC LIFE

ZHEJIANG UNIVERSITY PRESS
浙江大学出版社

图书在版编目（CIP）数据

互联网金融与大众生活/李跃华主编. — 杭州：浙江大学出版社，2021.10

ISBN 978-7-308-21792-7

Ⅰ. ①互… Ⅱ. ①李… Ⅲ. ①互联网络—金融 Ⅳ. ①F830.49

中国版本图书馆 CIP 数据核字(2021)第 200562 号

互联网金融与大众生活

李跃华 主编

责任编辑 李 晨

责任校对 曲 静

封面设计 春天书装

出版发行 浙江大学出版社

（杭州市天目山路 148 号 邮政编码 310007）

（网址：http://www.zjupress.com）

排 版 杭州朝曦图文设计有限公司

印 刷 杭州杭新印务有限公司

开 本 787mm×1092mm 1/16

印 张 8

字 数 200 千

版 印 次 2021 年 10 月第 1 版 2021 年 10 月第 1 次印刷

书 号 ISBN 978-7-308-21792-7

定 价 30.00 元

目　录

第一章　绪　论

当前，互联网金融已经渗入人们生活的方方面面。以移动支付（如微信支付、支付宝、银联云闪付、苹果支付等）、P2P（个人对个人网络借贷）、网络众筹等为代表的互联网金融日益深入大学生和普通民众的工作生活之中。人们感慨，外出可以不带钱包，但绝不能没有手机。“一机在手，走遍天下都不愁”的时代正在向我们走来。“金融是国家重要的核心竞争力，金融安全是国家安全的重要组成部分。”[①]推进互联网金融的持续健康发展也成为国家和地区发展的重大战略。

一、互联网金融时代我们需要趋利避害

互联网金融在快速发展的同时，问题也层出不穷。P2P 暴雷事件触目惊心；“e 租宝”事件使全国二三十万老百姓上当受骗；便捷的网络信贷使涉世未深的大学生误入其中；不当涉入导致类似大学生“裸贷”事件的报道时有所闻；也有大学生因为过度消费网络金融而背上沉重的债务负担。作为新生事物的互联网金融正在以不可逆转之势向我们走来，我们在享受便捷的同时需要进一步认清事物的本质，识别其中的机会与风险，不管是在个人的投资理财领域还是生活工作领域，都需要理性应对，趋利避害。

二、本教材的特点

本教材主要服务于通识选修课和专业选修课“互联网金融与大众生活”或类似的相关课程，既对大学生进行互联网金融知识及其运用技能的普及介绍，也对大学生进行互联网金融风险教育，旨在帮助大学生形成正确的财富观、消费观、风险观。基于以上目标，本教材尽量体现以下特点。

（一）知识性和思想政治教育的统一

互联网金融作为当下的新型业态快速崛起，但它的本质依然是金融。本教材自然会部分涉及金融学的基本原理、常识，以及互联网金融的表现形式、风险种类、发展趋势等。不同于一般的金融学教材，本教材特别注重课程思政，把大学生和普通群众的风险教育、思政教育放在重要位置，使读者在学习和深化认识互联网金融知识的同时转变思想观念

① 习近平．习近平谈治国理政（第二卷）[M]．北京：外文出版社，2017：280.

和思维方式，趋利避害，避免上当受骗。

(二)思想性、理论性和应用性的统一

当前移动互联网、大数据、云计算、人工智能、区块链技术、生物识别技术等快速发展，这些科技前沿必将对互联网金融的未来发展以及人们生活的改变带来重大影响，本教材会对这些内容进行一定的前瞻性的经济哲学思考。同时，本教材的一大重点就是普及互联网金融知识，灌输互联网金融的正确理念，提高大学生和广大民众在日常生活中应用互联网金融工具的能力。

(三)时代性和地方性的统一

互联网金融蓬勃发展，是成为当前经济社会发展的重要业态。它日益深入地影响普通大众的生活。浙江是互联网金融的发达地区，也是互联网金融问题和风险经常发生之地。台州是互联网金融和小微金融的重要地区，为了体现内容的时代性和地方性，本教材采用了部分台州及浙江其他地区的案例。

三、课程学习的方法与建议

“互联网金融与大众生活”课程是偏向于通识性质的课程，同学们在学习的时候需要做到以下几点。

(一) 掌握金融和互联网金融的基本知识与基本技能

金融和互联网金融与大学生的日常生活息息相关，本课程的第一个目的是对大学生普及金融和互联网金融知识。同学们需要课前提前预习，回顾以前所涉及的金融学基本知识；课堂上认真听讲，理解掌握基本知识、基本概念、基本原理；课后及时复习，消化吸收。本课程在知识传授的同时也注重技能培训，包括相关 App 的使用、收益与风险的计算、实践实操等，同学们需要勤于动手练习，以练促学、以练促赛、以练促成。

(二) 关注互联网金融最新热点事件与政策法规

“互联网金融与大众生活”课程是时效性较强的课程，需要同学们关注互联网金融最新热点事件与国家新近出台的政策法规，把握行业的最新动态，思考背后的原因及大政方针背后的政策意图。比如近期，比特币疯狂暴涨，我们需要思考比特币是真正的货币吗？2020 年蚂蚁集团上市被暂缓成为互联网金融领域的热点事件，这件事背后的原因是什么？这件事背后体现了国家政策的什么方向呢？互联网金融的本质是什么，需要和传统金融同等监管吗？金融监管是国家的重要职责，“防止发生系统性金融风险是金融工作的永恒主题”[①]。同学们需要关注热点，理论联系实际，把金融理论和治国理政策略有机结合起来。

---

① 习近平．习近平谈治国理政(第二卷)[M]．北京：外文出版社，2017：279.

(三) 思考互联网金融的发展方向与发展趋势

世界永恒不变的是“变”,任何事物都是作为一个过程而存在的。科技是第一生产力,也是推动事物变革最根本的力量。互联网金融产生于传统金融,其本质依然是金融,“金融是实体经济的血脉,为实体经济服务是金融的天职,是金融的宗旨”[①]。互联网金融和实体经济唇齿相依。既然是金融,也就蕴含着传统金融具有的风险要素,防范金融风险也是互联网金融的应有之义。

同时,互联网金融也在一定程度上超越了传统金融,融入了互联网“开放、平等、协作、分享”的精神,使金融与互联网有机结合,产生“化学反应”,形成新的业态和模式。但它的发展也非直线前进,中间必然会面临许多问题和曲折,所以互联网金融业必须不断扬弃自我、突破自我,真正走向包容、普惠,服务于国家实体经济的发展,服务于百姓的消费升级,服务于金融机构的效率提升,服务于日常生活的便捷。同学们在学习理论和实践操作的过程中,需要对当代前沿科技的发展有所观察与思考,对互联网金融的发展趋向有所洞察与思考,对互联网金融如何服务于治国理政和人民生活水平提升有所思考。

1-1 思考题

① 习近平. 习近平谈治国理政(第二卷)[M]. 北京:外文出版社,2017:279.

第二章 互联网金融的产生与发展

2013 年 6 月余额宝问世，从此互联网金融快速发展并全面渗透大众的生活。因此 2013 年也被称为是互联网金融元年。互联网金融近十年的发展，促进了实体经济的发展，方便了百姓生活，普及了大众的理财观念，但其在发展过程中也出现了许多问题，面临着一些是非争议。

第一节 互联网金融的概念与特点

互联网金融是互联网和金融的深度融合，既是传统金融机构与互联网企业利用互联网技术和信息通信技术实现资金融通、支付、投资和信息中介服务的新型金融业务模式，也是互联网“开放、平等、协作、分享”的精神与传统金融领域的融合。互联网金融具有以下特点。

一、互联网金融是科技化的金融模式

互联网金融是传统金融的数字化、网络化、信息化。互联网金融的兴起与大数据、云计算、移动支付、人工智能等密不可分。金融的数字化成为互联网金融的助推器，科技的进步推动金融效率的提高和成本的降低。互联网金融业务主要由人工智能处理，操作流程完全标准化，业务处理速度快，用户体验好。如“阿里小贷”依托电商积累的信用数据库，经过数据挖掘和分析，引入风险分析和资信调查模型，商户从申请贷款到发放只需要几秒钟，日均可以完成贷款 1 万笔，是名副其实的“信贷工厂”。

二、互联网金融是一种普惠化的大众金融模式

与传统金融相比，互联网金融实现了金融需求的大众化，覆盖了大量不被传统金融覆盖的人群，它的普惠性表现得非常明显。正如马云所说：互联网金融就是要“用互联网的思想和技术，让金融回归服务本质，服务 80％以前没有被服务好的，用新的思想、新的技术去服务他们”。过往由于各种原因无法得到有效金融服务的群体，借助互联网方式

享受到了福利。互联网金融模式下，资金供求双方可以通过网络平台自行完成信息甄别、匹配、定价和交易，无传统中介、无交易成本、无垄断利润，也不需要开设营业网点的资金投入、运营成本和大量的人工成本，因此整体的成本较低。一方面，由于互联网技术边际成本极低，大大降低了金融服务沟通成本和交易成本；另一方面，大数据、云计算等技术使银行能够及时掌握客户的交易数据和行为信息，提升了风险控制水平，融资难的瓶颈正在逐步突破。因此，普惠金融服务可以覆盖到不同的空间和不同的人群。

三、互联网金融是一种大众化的金融模式

互联网金融诉求的是80%的长尾用户，设置的门槛普遍比较低，比如许多互联网货币基金的投资理财门槛为1元。为了购买便利，互联网金融把对于大多数人来说十分复杂的东西做到极其简单，让用户很快明白怎么操作，给人亲近感。其围绕普通大众的生活场景设计产品，其中的代表余额宝也因此被称为是“屌丝理财神器”。另外一些固定期限的投资理财产品也是门槛很低，1000元较为常见，远低于传统金融渠道的5万元门槛。与此同时，互联网金融的互动化与透明化突出，借助广泛应用的移动互联网软件，典型的如微信，客户可以随时随地查看金融信息，每天都可以查询收益，即使长假亦然，并可以实现双方直接交流沟通。

第二节　互联网金融的发展及表现形式

一、互联网金融的发展

2-1 知识小测试

互联网金融在中国经历了近十年的发展，但真正具有划时代意义的事件是余额宝的问世。2013年6月13日余额宝正式上线，成为第一只互联网货币基金，此后迅速蹿红，一发不可收。因此，2013年也被称为互联网金融元年。统计数据显示，截至2018年11月16日，余额宝的规模突破1.8万亿元，用户数达到3.5亿人。余额宝相继成为中国第一大货币基金、世界第一大货币基金。

继余额宝之后，其他互联网金融产品也相继出现。2014年后P2P快速发展，网络众筹、互联网金融消费开始走进大众的视野，移动支付更是呈几何级增长。

互联网金融经过2014年的爆发后，一些安全和风险问题也开始浮现。国家在鼓励创新的同时也致力于将互联网金融纳入监管规范体制，以促进互联网金融的健康发展。2015年，互联网金融步入规范发展期。2015年7月，经党中央、国务院同意，中国人民银行、工业和信息化部、公安部、财政部等十部委联合发布《关于促进互联网金融健康发展

的指导意见》，遵循“鼓励创新、防范风险、趋利避害、健康发展”的总体要求，确立了监管的职责分工，即中国人民银行监管支付，银监会监管网络借贷、互联网金融消费，证监会监管互联网基金销售，保监会监管互联网保险。

二、互联网金融的表现形式

(一)移动支付

近年来，以支付宝(见图 2-1)和微信(见图 2-2)支付为代表的中国移动支付快速发展。中国互联网络信息中心 2021 年发布的报告显示，我国手机网上支付用户规模增长迅速，截至 2020 年 12 月达到 8.53 亿；在我国国内所有的支付方式中，移动支付的占比达到 5%。蚂蚁金融服务集团 2018 年 1 月份发布的 2017 年支付宝全民账单显示，2017 年移动支付笔数占其整体支付的比例为 78%。2018 年 7 月 17 日，易观智库发布了 2018 年第二季度《中国第三方支付移动支付市场季度监测报告》。数据显示，2018 年第二季度，中国第三方移动支付市场交易规模达到 188091 亿元，其中支付宝占比 53.62%，财付通(微信)占比 38.18%(见图 2-3)。支付宝、微信支付市场份额基本稳定，双方联手拿下超九成的市场份额。

图 2-1　支付宝

图 2-2　微信

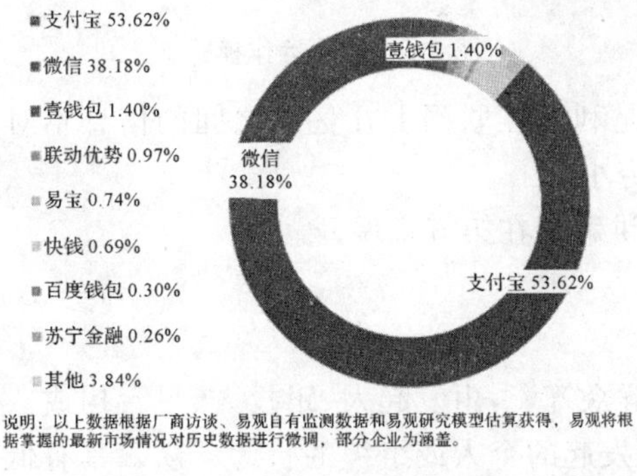

图 2-3　2018 年第二季度第三方移动支付市场交易份额

(二)P2P

P2P 又叫 P2P 信贷，“P”是 pear 的英文单词的缩写，意即平等的伙伴、平等的个人。

P2P 指个人与个人之间的小额借贷交易，一般需要借助电子商务专业网络平台帮助借贷双方确立借贷关系并完成相关交易手续。借款者可自行发布借款信息，包括金额、利息、还款方式和时间，自行决定借出金额，实现自助式借款。P2P 运作模式的机理如图 2-4、图 2-5所示。

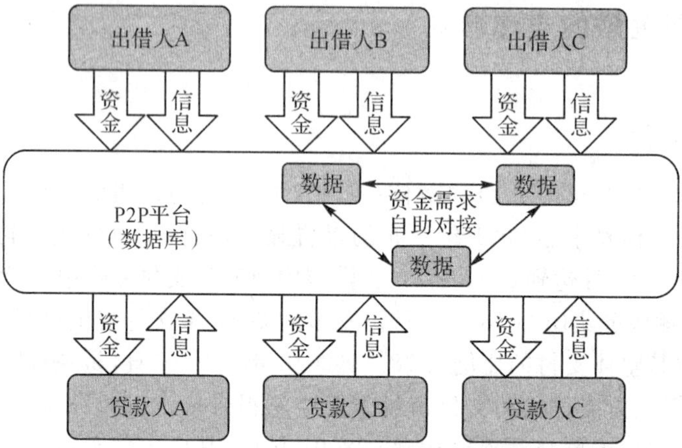

图 2-4　P2P 运作模式 1

图 2-5　P2P 运作模式 2

P2P 贷款的核心就是利用互联网上几亿人之间的信息不对称，让他们相互匹配，把信息的不对称减少到无穷小。

有关 P2P 的进一步讲解将在第五章展开。

(三)网络众筹

众筹即大众筹资或群众筹资，由发起人、跟投人、平台构成。网络众筹是指一种通过网络向群众募资，以支持发起的个人或组织的行为。众筹具有低门槛、多样性、依靠大众力量、注重创意的特征。

(四)互联网基金销售

传统的基金大都采取直销，抑或是采用银行代销、券商销售的模式。近年来互联网渠道的基金销售异常火爆，目前新型互联网销售平台的基金销量已占据整个市场的三分之一，银行渠道降至三分之一，基金直销和券商平台也差不多占三分之一。其中的典型代表就是余额宝等各类“宝宝”军团。

(五)互联网货币

除去蓬勃发展的移动支付、P2P 网贷、网络众筹、互联网基金销售外，以比特币为代表的互联网货币也开始出现，典型代表就是比特币。

比特币(BitCoin)的概念最初由中本聪在 2009 年提出，是根据中本聪的思路设计发布的开源软件以及建构其上的 P2P 网络。比特币是一种 P2P 形式的数字货币。点对点的传输意味着一个去中心化的支付系统。

以比特币等数字货币为代表的互联网货币爆发，从某种意义上来说，比其他任何互联网金融形式都更具颠覆性。2013 年 8 月 19 日，德国政府正式承认比特币的合法“货币”地位，比特币可用于缴税和其他合法用途，德国也成为全球首个认可比特币的国家。

第三节　当前互联网金融的是非争议与网络论争

互联网金融作为新生事物的出现，打破了原有的金融格局，对现有的利益造成了一定的冲击，也引起了众多的是非争议。在互联网时代，这种论争在网上就表现得十分激烈。

一、针对余额宝的是非争议

余额宝作为互联网金融的鼻祖，是影响力十分巨大的金融产品。对互联网金融的是非争议和网络论争也集中体现在了余额宝身上。在余额宝身上的争议集中体现在以下几点。

(一)余额宝对民众到底是利大于弊还是弊大于利

针对余额宝网上有两种针锋相对的观点。第一种观点认为：余额宝不只冲击银行，它所冲击的是中国全社会的融资成本，冲击的是整个中国的经济安全。因为，当余额宝和其前端的货币基金将 0.2%的预期年化收益放入自己兜里，而将 2%到 6%的预期年化收益分给成千上万的余额宝客户的时候，整个中国实体经济，也就是最终的贷款客户将成为这一成本的最终买单人。所以他们强调，余额宝是趴在银行身上的“吸血鬼”、典型的“金融寄生虫”，它并未创造价值，而是通过拉高全社会的经济成本，从中渔利，它通过向公众输送一点点蝇头小利，为自己赢得了巨额利润，同时让全社会为之买单。

第二种观点认为：余额宝的本质是货币市场基金，它是市场预期年化利率的追随者，而不是决定者。说它造成实体经济融资成本的上升是言过其实、危言耸听。对于普通客户而言,余额宝等于大大降低了传统金融服务的准入门槛,小额客户也可以获得较高的收益,方便了群众,也让群众得到实实在在的利益,这是给老百姓补血而不是吸血。

这种观点争议实际上是看问题的视角不一样造成的。如果站在传统金融机构的立场上看,因为余额宝的出现,确实会导致其利益的部分受损,相当于被吸血;如果站在一般民众的立场上看,余额宝的出现确实为他们带来了方便和实惠。

(二)余额宝是不是一种创新

针对余额宝是不是一种创新,一方认为余额宝不算创新,因为余额宝实质上就是在网上卖货币基金,早已有之,货币基金也早已有之,所有不能算什么创新;另一方认为创新可以是完全的原创,也可以是组合式的创新,能把现有的事物有机结合在一起,也是一种创新,况且余额宝这种有机结合产生了如此大的影响力,甚至一度影响了人们的理财观念和生活方式。

这个争论的实质是看待创新的视角不同。如果把创新视为一定要原创,那余额宝确实算不上是什么创新,但是如果把组合也可以看成是创新,那余额宝确实是把现有事物有机结合在一起。

(三)余额宝是冲击实体经济还是增添发展活力

针对余额宝是冲击实体经济还是增添发展活力,一方认为余额宝提高了银行的融资成本,银行必然会把这种成本转嫁到对企业的贷款利息上,或者说会要求更高的贷款利息,这样会造成企业融资成本的上升,实体经济的日子会更加难过,社会就业量势必减少,所以说余额宝是冲击实体经济的;另一方认为,余额宝增加了老百姓的收入,而收入是消费的源泉,消费是拉动经济增长的三驾马车之一,所以说余额宝增添了经济发展活力。

这个争论的实质是看待经济增长视角的不同。余额宝确实会增加银行的融资成本,尽管这种增加也许是微乎其微的。余额宝也会增加老百姓的收入,从而带动消费,促进经济增长,尽管这种力度是多少还无法准确衡量。所以二者都有一定的道理,但是理由都不充分。

(四)国之利益 VS 民之利益

针对国之利益和民之利益的争论,一方认为余额宝造成企业融资成本增加,会造成企业破产,所以损害国家利益;另一方认为余额宝增加了数亿老百姓的利益,就是增加了国家的利益,因为国家的利益就是老百姓的利益,不存在没有老百姓利益的虚幻的国家利益。

二、P2P 是非法集资的温床还是潜力无限的新生事物

针对 P2P 是不是非法集资的温床这个问题,也有两种针锋相对的观点:一种认为

P2P 是非法集资的温床，因为 P2P 出现后，有些人就打着互联网金融的旗号，披着 P2P 的外衣，行非法集资之实，最典型的就是“e 租宝”，结果造成许多群众上当受骗；另一种观点认为，看问题应该有整体思维，不能因为一些伪 P2P 公司的胡作非为，就否认 P2P 的先进性和合理性，在新事物出现初期难免鱼龙混杂，经过大浪淘沙后方显英雄本色。

三、对互联网金融的监管是应从严还是从宽

针对互联网金融的监管是应从严还是从宽，也有两种不同的观点。一种认为，互联网金融作为新生事物，要发挥它的正面作用，对于新生事物央行都应支持。另一种认为，无论是线上还是线下，只要实质是金融活动，就应该按照现有的金融法规将其纳入监管范畴，而不能采取“放任自流，出了事再说”的态度，必须将互联网金融纳入监管，并应该出台互联网金融暂行管理条例。当前互联网金融风险隐患多，法律地位不明确，且游离于金融监管体系之外，对金融体系安全、社会稳定产生重大冲击，加强互联网金融监管已经刻不容缓。

2-2 延伸阅读：《关于促进互联网金融健康发展的指导意见》

这个问题争论的实质是监管思维的不同，金融的创新和金融的监管需要并行不悖，经济才能健康发展。乐观派更重视前者一些，坚持在底线思维的基础上鼓励大胆创新；谨慎派更重视后者一些，注重安全、注重稳妥胜于重视创新。

本章习题

1. 互联网金融的主要特征有________。（　　）

A. 信息的多位采集　　B. 信息的多位运用

C. 去中介化　　D. 传统金融的后台化

2. 网络金融具有________的特征。（　　）

A. 高效性和经济性　　B. 科技性与共享性

C. 信息化与虚拟化　　D. 一体化

3. P2P 网络借贷的特点是________。（　　）

A. 直接透明　　B. 不需要信用甄别

C. 小而分散　　D. 无成本　　E. 普惠金融

4. 关于互联网金融模式的特点，下列说法正确的是________。（　　）

A. 支付手段更为便捷　　B. 信息匹配成本更低

C. 交易行为可以直接在网上完成　　D. 资金供需双方得以脱离金融中

5. 下列各项中，不能算作电子货币的特征的是________。（　　）

A. 形式多样　　B. 技术精密，防伪性能好

C. 自动化处理　　D. 重要的保值工具

6. 关于互联网金融的法律风险，说法错误的是________。（　　）

A. 无法可依　　B. 违法成本低

C. 公民守法意识强　　D. 金融立法的层级较低

7. 互联网基金的特征不包括________。（　　）

A. 交易门槛高　　B. 操作便捷

C. 信息对称　　D. 成本低

2-3 本章习题答案

第三章　移动支付的发展及其生活影响

中国是移动支付大国，移动支付也被称为中国的新"四大发明"之一而在当代快速发展。移动支付的发展对当前的商业形态和人们的日常生活都产生了巨大的影响，引起了支付领域的革命。

第一节　移动支付的发展历程与国别比较

移动支付是指移动客户端利用手机等电子产品来进行电子货币支付。移动支付将互联网、终端设备、金融机构有效地联结起来，形成了一个新型的支付体系。而且，移动支付不仅仅能够进行货币支付，还可以用于缴纳话费、燃气、水电等生活费用。移动支付开创了新的支付方式，使电子货币开始普及。

一、移动支付的特点

移动支付之所以在现代社会尤其是在以手机为主的电子产品不断更新换代的时代能够收到消费者如此欢迎，主要是因为移动支付具有限制小、隐私性高、便利化等特点。

(一)限制小

传统的支付方式对于时间、空间的要求要比移动支付高许多。比如去银行办理业务，传统的柜台办理需要选定特定的时间（银行上班时间）和特定的空间（具体的某家银行）来办理业务，而使用手机等电子设备则对于时空的限制小了很多。通过银行的App来办理相关业务，对于一些业务繁忙的商务人士以及去实地银行较为麻烦的用户来说解决了不少问题。

(二)多样化

如今的移动支付形式可以根据消费者的个人习惯或者爱好而定。比如支付宝支付方式有人脸识别支付、指纹支付、密码支付、免密自动扣款等，用户可以根据个人情况来选择优先的支付方式。移动支付在提供支付多样化便利的同时也对用户隐私加以考虑，比如平台支付的密码不能和绑定的银行卡密码相同等。

(三)便利化

移动支付的便利化应该是移动支付自产生以来与传统支付方式相比较而言最大的一个特点。用户可以随时随地通过手机进行各种支付活动，并对个人账户进行查询、转账、缴费、充值等功能的管理，用户也可随时了解自己的消费信息。这给用户的生活提供了极大的便利。

3-1 知识小测试

除此之外，以移动支付产品代替借贷记卡、小额支付卡等支付工具，有利于拓展商业银行的银行交易渠道和提高金融服务水平。移动支付结合了许多传统支付方式无法超越的优势，充分体现了移动互联网快捷、便利、数字化的特征。

二、移动支付的发展历程

中国是移动支付发展得比较早的国家之一。1999 年国内就出现了移动支付概念，但由于当时移动互联网发展缓慢，以及智能手机等电子设备的性能不足，所以一直到 2011 年移动支付业务应用仍然较少，市场规模难以大幅扩大。但是 2011 年以后，阻碍移动互联网与移动支付发展的障碍一步步被消除。2012 年 6 月 21 日，中国移动与中国银联签署移动支付业务合作协议，标志着中国移动支付标准基本确定为 13.56MHz 标准。标准统一，意味着去除了阻碍移动支付发展的技术分歧。2011 年之后移动互联网和移动电子商务的普及率大幅提高，不仅为移动支付提供了广阔的商用平台，更培养了用户网上支付的消费习惯，这是移动支付市场爆发的重要催化剂。

随着第三方支付的不断更新换代，第三方支付除了扮演信用中介角色外，还具备了支付清算与融资功能。第三方支付行业出现的初衷在于解决在线支付中银行卡的联网通用问题。但是随着时代的发展需要，其很快发展成为集网上支付、电话支付、充值卡支付、代收代付等多功能于一身的支付平台。航空业、保险业等生活服务领域也开始出现第三方支付的影子。

第三方支付具体的发展历程如下。

(一)普及时期

2006 年，有关网民的调查结果显示：八成以上的网民使用第三方支付进行网上交易而不担心其交易风险。但是，野蛮生长总容易演变为乱象丛生。

2009 年，中国第三方支付市场规模达到 5766 亿元，与支付相关的企业达到 300 家以上。由于没有相关监管政策配套。第三方支付行业处于监管的空白期，挪用资金、非法套现等行为接连发生，整个支付行业陷入了混乱。

2010 年，央行出台了《非金融机构支付服务管理办法》，确立了第三方支付相关的配套管理办法和细则，通过审核发放第三方支付牌照的方式把第三方支付机构开始纳入国家金融监管的领域内，并规定无支付牌照的第三方支付机构不得从事支付相关业务。

(二)高速发展时期

2011 年 5 月 26 日,对于第三方支付而言,是一个具有里程碑意义的日子。央行正式发放首批第三方支付牌照,首批 27 家第三方支付企业饮到了“头啖汤”。随后,13 张支付牌照也相继发放到第三方支付公司手中。第三方支付平台带来的高收益吸引了众多企业的加入。2011 年到 2015 年是央行发放第三方支付牌照的高峰期,像智付支付、支付宝、拉卡拉、快钱等具有代表性的支付平台就是在这期间获得支付牌照的。截至目前,央行共分 8 批发放了支付牌照。目前中国人民银行记录在册的支付牌照数量为 267 家。

2015 年以后,由于央行停止支付牌照的发放,支付牌照在一夜之间成为各方争夺的“香饽饽”,小米、恒大、唯品会、绿地……各行各业都在抢夺这个稀缺资源,特别是互联网行业。互联网行业的资金流水、用户余额、用户数据等信息关系着平台的命运,因此谁也不想把这些数据交给其他第三方支付平台。2016 年 4 月 5 日,中国人民银行发布了《2015 年支付体系运行总体情况》。报告指出:上一年网上支付业务交易量总计为 363.71 亿笔,同比增长 27.29%,支付金额高达 2018.20 万亿元,同比增长 46.67%。第三方支付在这短短的几年间,给世界带来的变化可谓是翻天覆地。余额宝、微信红包、收款码等支付方式一次次地刷新着人们的眼球。网银支付、移动支付、数字电视支付、固话支付、ATM 支付、NFC 近场支付、扫码支付、点卡支付、预付卡支付以及城市支付服务,各种支付产品满足了人们日常生活所需。

3-2 移动支付的现状与趋势

(三)刷脸时代开启

2019 年年初,刷脸支付代理发展得如火如荼,支付宝、微信等支付巨头当仁不让,都想在这一领域捞一杯羹,展开了激烈的竞争。伴随着 5G 时代的来临,人脸识别支付似乎是支付创新的下一个风口,同时 2019 年也是刷脸支付大爆发的元年。刷脸成为支付行业备受关注的新兴支付方式。这项技术并不是在 2019 年诞生,但却在这一年引发了产业躁动。支付宝、银联纷纷公开宣布推行刷脸支付产品,微信支付也在探索刷脸支付价值。此外,美团、建行、工行也对刷脸支付进行了尝试。

不仅仅是零售领域,刷脸支付甚至被应用于公交、地铁等要求支付速度较快的场所。金华市的公交车 2019 年 1 月就上线了刷脸支付。在监管态度上,央行曾经发布 288 号文,鼓励人脸识别应用于开户,相关人脸识别标准也在制订当中,这可看作是人脸识别应用于金融领域的默许。

3-3 刷脸支付的时代正在到来

三、移动支付的国别比较

随着“发展”逐渐成为当今的时代主题之一,全球化的浪潮奔涌而来,各个国家都在为各个行业领域的全球化趋势发展做着各自的努力,在融入的同时也希望各自的某一个行业领域能在世界市场上尽可能地多占份额。在这场“支付革命”中,我们需要看清自己的发展方向,也需要看清别国(地区)的发展轨迹。

(一)美国

作为 Paypal 等移动支付巨头的发源地,美国的移动支付产业起步相对较早。由于美国的互联网使用率高,所以其移动互联网的发展速度很快,但其移动支付的发展较为缓慢。2017 年,美国的电子商务人均支出在 2271 美元左右,而使用 POS 机及实体商店的人群人均支出在 24248 美元左右。在这组数据里,使用移动支付的消费者仅仅占电子商务人均的 20%和 POS 机人均的 3%。虽然美国的移动支付起步早,但美国的商家已经有完整的信用支付体系,美国的大部分民众也都习惯使用信用卡支付。

(二)欧洲

欧洲的移动支付呈现一个总体增速缓慢与发展水平不均衡并存的特点。数据显示,2018 年欧盟 28 国的 GDP(国内生产总值)总量达到 17.3 万亿美元,高于中国约 12.2 万亿美元,但其移动支付的总量不到中国的 5%。而发展水平不均衡体现在国家与国家之间。比如在丹麦、瑞典、摩洛哥等国,移动支付的发展非常迅速。丹麦、瑞典基本实现了无现金社会,摩洛哥自从接入了支付宝体系平台,移动支付的发展也上升了一个高度。相比这些国家,德国、法国等老牌欧洲发达国家因为理念不同则更是倾向于使用信用卡和现金支付,移动支付发展缓慢。

(三)日本

移动支付在日本的发展可谓是阻碍重重。作为亚洲国家中移动支付普及率最低的国家(移动支付普及率仅 27%),日本的移动支付发展速度受到了老龄化社会的影响。虽然近年来政府一直在积极推动移动支付发展,但日本国内一直缺乏较为成熟的第三方支付机构,并且对于日本的民众来说,许多居民不够了解移动支付(以老年人居多),担心移动支付会带来风险,对于新兴支付方式的态度较为谨慎。

(四)非洲、拉美地区

非洲和拉美地区即使是经济实力和综合国力相对欠发达的国家与地区,但其移动支付产业也在高速增长。比较典型的例子有肯尼亚。在此之前肯尼亚的金融体系尚不健全,银行的 POS、ATM 机的保有量极低,但是 2017 年肯尼亚推出了 M-PESA 业务,只需要通过 SIM 卡就可转账、消费等。截至 2017 年年底,该业务的用户已经占全国总人口的 45.2%,交易总额占 GDP 的比重超过了 30%。

(五)中国

在中国,由于智能手机性能的提高,3G、4G、5G 网络的不断发展与普及让网络访问速度飞速提升。2014 年被称为中国的移动支付元年。那年春节,以腾讯、阿里、百度为首的电商巨头掀起了红包大战。2015 年春节,红包战线的蔓延使用户群体更为广泛。三巨头分别从三个方向来抢夺移动支付的市场份额:百度以移动搜索为主,开启了流量的入口;腾讯以即时通信为主,建立了足够大的社交平台;阿里作为电子商务的代表,成立了具有代表性的网购平台。2017 年中国的移动支付总规模高达 117 万亿美元，是美国的 90 倍；2018 年中国的网上支付业务笔数与金额同比增长 17.36％和 2.47％，移动支付业务笔数与金额增长 61.19％和 36.69％。用八个字来概括移动支付在中国的现状，那就是“前景广阔，高速增长”。

通过对比现状，再结合各国的国情和综合国力的发展特点，我们认为造成国家之间在移动支付领域的差异之大的原因大致是如下几个方面。

（1）对于中国来说：首先，中国政府有关移动互联网和移动支付的发展政策的扶持和基础设施的投入奠定了移动支付在中国稳步发展的基础。近年来，我国政府对于移动行业的发展十分看重，致力于营造公平良好的市场环境，让与移动互联网和移动支付相关的企业良性竞争和通力合作。得益于此，我国的移动支付发展呈现高速增长的特点。其次，庞大的人口基数为电子商务的发展提供了土壤。最后，丰富的应用场景是移动支付发展的催化剂。

（2）对于欧美国家来说，影响欧美各国的移动支付的发展速度不如中国有以下原因：首先，自身的先发优势形成支付偏好差异。欧美国家的信用卡业务发展得较早，信用卡支付体系也相对完善，对于民众来说已然习惯用信用卡支付。其次，政府对于其安全性的担忧制约了移动支付的发展。由于移动支付是基于移动电子设备开展的支付方式，政府及用户担心移动支付形式会造成用户信息泄露等安全性隐患。最后，移动支付基础设施建设不足。对于一些综合国力不够的发展中国家来说，政府每年的支出大部分用在社会的基础建设和经济产业发展上，移动支付所需的基础设施建设不能得到充分的资金投入。

3-4 移动支付

可以说，中国的移动互联网发展以及移动支付的发展是以面对经济全球化与国际竞争和合作为出发点的。中国的移动支付也需要时刻拥有国际视野，认清其他国家与自身的发展区别。[①]

第二节　主流移动支付形式及其优劣分析

一、我国的主要移动支付模式

根据不同的角度，按照用户支付的额度、完成支付所依托的技术条件、支付结算模式和支付账户的性质来进行主要移动支付模式的划分，具体如下。

① 关守科，Li Wanchao. 国际比较视角下的中国移动支付发展研究[J]. 金融发展评论，2019(7)：8-13.

(一)按用户支付的额度:微支付、宏支付

根据用户支付的额度大小不同,移动支付模式可以分为微支付与宏支付。微支付是指在互联网上进行的一些小额的资金支付。这种支付机制有着特殊的系统要求,在满足一定安全性的前提下,要求有尽量少的信息传输、较低的管理和存储需求,即速度和效率要求比较高。这种支付形式就称为微支付。特别是数字音乐、游戏等数字产品,如网站为用户提供搜索服务、下载一段音乐、下载一个视频片段、下载试用版软件等,所涉及的支付费用很小,往往只要几毛钱、几元钱或几十元钱。微支付就是为解决这些"小金额的支付"而提出的。它的特点在于交易额度小,让你不假思索随手花出,但总体的交易量大,颇有薄利多销的意味。宏支付是指交易金额较大的支付行为,如在线购物或近距离支付(微支付同样也包括近距离支付,如交停车费等)。宏支付(也称为常规支付)是同微支付相对应的一种支付体制,它的交易额一般比较大,至少在十几美元或几十美元以上。

(二)按完成支付所依托的技术条件:近场支付、远程支付

近场支付是指消费者在购买商品或服务时,即时通过手机向商家进行支付,支付的处理在现场进行,使用手机射频(near field communication,NFC)、红外、蓝牙等通道,实现与自动售货机以及 POS 机的本地通讯。远程支付指的是通过发送支付指令(如网银、电话银行、手机支付等)或借助支付工具(如通过邮寄、汇款)进行的支付方式,与现场支付对应。

(三)按支付结算模式:即时支付、担保支付

即时支付是指交易时支付,即在交易发生的同时,钱也同时从买方的账户转入卖方的账户。第三方担保支付,又称第三方支付服务、第三方托管,在国际上深受企业欢迎。第三方担保支付即买方将货款付给买卖双方之外的第三方,第三方收到款项后通知已收到买方货款,并同时通知卖方发货,卖方即可将货物发运给买方,买方通知第三方收到满意的卖方货物,第三方便将货款付给卖方。

(四)按支付账户的性质:银行卡支付、第三方支付

我国的银行卡支付系统是由银行卡跨行支付系统以及发卡行内银行卡支付系统组成的专门处理银行卡跨行的信息转接和交易清算业务的信息系统,由中国银联建设和运营,具有借记卡和信用卡、密码方式和签名方式共享等特点。2004 年银行卡跨行支付系统成功接入中国人民银行大额实时支付系统,实现了银行卡跨行支付的实时清算。第三方支付是指具备一定实力和信誉保障的独立机构,通过与银联或网联对接而促成交易双方进行交易的网络支付模式。在第三方支付模式下,买方选购商品后,使用第三方平台提供的账户进行货款支付(支付给第三方),并由第三方通知卖家货款到账、要求发货;买方收到货物,检验货物,并且进行确认后,再通知第三方付款;第三方再将款项转至卖家账户。

二、移动支付的主要形式

（一）支付宝、微信

以支付宝和微信为主的第三方支付平台是当前人们使用率最高的移动支付形式，而支付宝、微信平台又是主要的第三方支付平台。支付宝主要提供支付及理财服务，涉及网购担保交易、网络支付、转账、信用卡还款、手机充值、水电煤缴费、个人理财等多个领域，是一款集手机支付和生活应用为一体的手机软件，通过加密传输、手机认证等安全保障体系，为用户提供随时随地进行淘宝交易、手机充值等功能，主要在 iOS、Android 设备上使用。微信支付是由腾讯公司知名移动社交通信软件微信及第三方支付平台财付通联合推出的移动支付创新产品（财付通是持有互联网支付牌照并具备完备的安全体系的第三方支付平台），旨在为广大微信用户及商户提供更优质的支付服务。微信的支付和安全系统的维护由腾讯财付通提供支持。微信用户只需在微信中关联一张银行卡并完成身份验证，即可使用微信来实现支付功能。

3-5 主流移动支付微信与支付宝的发展的潜力比较

如果你选择支付宝或微信支付作为移动支付方式，那么在选定商品或者确定交易额后，你可以根据你的个人情况来选择如何完成支付或交易，具体选择如下。

第一，密码支付。支付宝的密码支付方式与使用银行卡支付方式相似。在最初创建支付宝个人用户时，系统会要求用户设定六位数的支付密码。用户在网购交易或者给他人转账时，确定既定商品与金额后即进入支付程序。此时，支付宝跳出支付页面，内容包括：个人账户名称等订单信息、支付方式（选择支付宝余额或者该账户绑定的银行卡）、确认付款按键。点击确认付款后输入六位支付密码。输入密码后，该商品的订单信息即可发送至卖家账户，用户则被进行相应扣款。近几年，支付宝公司推出了免密支付方式。用户可以进入支付宝平台的设置页面开启免密支付，即可省去输入密码这一操作。

第二，指纹支付。指纹支付也叫指纹消费，是将消费者的指纹数据信息与指定的付款账户（用户在申办业务时指定的银行账户或电子钱包账户）绑定，购物时只要在一台指纹终端机上将手指轻轻一“按”，确认是本人后，就完成付款，消费的金额会在对应的银行账户中扣除，整个过程仅需五秒钟左右。2014 年 7 月 16 日，移动支付平台支付宝钱包宣布试水指纹支付服务。指纹支付采用指纹系统进行消费认证，通过指纹识别即可完成消费支付，不仅简化了支付程序（节省了输入支付密码这一环节的时间），还省去了信用卡的牵制。

（二）银联手机支付

中国银联手机支付是以手机中的金融智能卡为支付账户载体，以手机为支付信息处理终端的创新支付方式，它不仅将手机与银行卡合二为一，还把银行柜台“装进”持卡人的口袋。开通银联手机支付功能，人们的手机就会成为其口袋里的个人 POS 机，人们可随时随地登录中国银联手机支付客户端,让生活更简单、安全、便捷。

银联手机支付是一种安全、便捷的新型支付平台,能够通过用户计算机(WEB)、电话(IVR、WAP、SMS)、柜台(面对面)等多种途径进行支付,通过移动电话进行实时信息互动确认完成支付,确保用户支付的安全。

持卡人可以通过计算机、电话或者柜台(面对面)的方式在任何时间、任何地点进行各类型的费用记录查询,管理自己的订单,进行各类型的费用支付;商户可以通过计算机、电话的方式处理收款、退款、撤单、统计查询等业务;集团或行业商户或第三方支付公司可以通过系统商户接口实现批量支付业务。银联手机支付已在电话销售行业(如118114、电话营销公司)、网络营销行业(如盛大游戏、网购企业)、各类缴费类业务(水电等公共事业缴费)、催缴费类业务(交通罚款、各种催收、税务罚款)、各类大型服务机构(保险行业、航空行业)、其他各种第三方支付公司(账户充值、售卡公司)等行业中应用。

(三)近场通信(NFC)支付

随着智能手机的普及和电子货币支付系统的日趋完善,小额度电子货币移动支付成为人们重要的支付手段。基于 NFC 的移动支付系统,结合了 NFC 通信技术的特点。作为一种小额度电子货币交易方式,该系统操作简单,并具有更高的安全性,适合用于商场、餐厅等服务场所的日常付款,极大地便利了人们的生活。NFC 支付是指消费者在购买商品或服务时,即时采用 NFC 技术,通过手机等手持设备完成支付,是一种新兴的移动支付方式。支付的处理在现场进行,并且在线下进行,不需要使用移动网络,而是使用 NFC 射频通道实现与 POS 收款机或自动售货机等设备的本地通信。NFC 近距离无线通信是近场支付的主流技术,它是一种短距离的高频无线通信技术,允许电子设备之间进行非接触式点对点数据传输交换数据。该技术由 RFID 射频识别演变而来,并兼容 RFID 技术,其由飞利浦、诺基亚、索尼、三星、中国银联、中国移动、捷宝科技等主推,主要用于手机等手持设备中。①

案例:

2018 年 6 月底,银联推出“碰一碰”功能,其通过 NFC 手机的 NFC 读卡器模式,与 NFC 标签交互读取标签中存储的数据,在手机上通过线上支付流程完成付款。

“碰一碰”付款为商户提供低成本、易操作的收款利器,为持卡人提供更快捷、更安全的付款工具。一方面标签数据具备防复制、防篡改的优点,相比于二维码具备更高的安全性;另一方面,“碰一碰”实际上是基于银联体系的在线支付,支付过程受到手机内置安全芯片的保护。目前“碰一碰”并无交易限额限制,银行等合作机构可依据自身风险策略定义交易限额。

NFC 支付在支付体验上更加便捷,而且对于支付环境的要求也不会太苛刻。但是,“碰一碰”需要 NFC 手机的支持,在支持率和使用率上仍然需要培养消费者的使用习惯。

同年 12 月,银联又联手华为推出了基于 Huawei Pay 的新功能“卡码合一”,即用户在使用 Huawei Pay 进行线下付款时,在手机熄屏状态下通过指纹验证后,即可快速调出

---

① 吴惠惠.智能停车引导及 NFC 支付系统的设计与分析[J].电子科技,2015(8):122.

Huawei Pay 中的默认银行卡，手机屏幕上会同时出现银行卡非接提示和银联二维码展示，方便用户根据受理条件和个人喜好进行选择。

如果说，“碰一碰”是银联在 NFC 支付上的一种变局，那么“卡码合一”则是银联对于 NFC 和二维码支付的一种平衡。但无论如何，两者无疑都是银联近年来值得一说的创新亮点。

(四)基于各家银行的掌上营业厅

诸如支付宝、微信等第三方支付平台的支付方式发展迅速并且受众不断扩大，短信支付也作为最早的移动支付方式拥有很大的用户群体和良好的发展前景，而对于一些商务人士尤其是涉及银行交易的用户来说，掌上营业厅也是他们最常用的移动支付方式之一。掌上营业厅，又称手机营业厅、WAP 营业厅，是为了方便广大用户办理移动业务推出的一个便携随身的、集移动业务和优惠资讯为一体的电子化自助服务渠道。随着现在社会进程越来越快的发展和科技水平的提高，人们对于科学技术的态度和接受学习能力也在不断地提升，为了节省时间，越来越多的用户选择在掌上营业厅处理一些业务，比如话费充值查询、信用卡业务办理等。

三、移动支付的优劣分析

(一)移动支付的优势

通过以上主流移动支付形式的介绍，再与传统的支付方式进行对比，我们可以发现移动支付具有如下优势。

第一，便携性与时效性。便携性是移动支付相较传统纸币等支付形式最大的优势。对于商务人士来说，一些金额较大的交易用现金作为支付方式是比较麻烦的，而使用移动设备中的转账功能或者掌上营业厅则可以避免携带成沓的现金所带来的不便；对于出门旅游的人来说，用手机里的电子钱包来代替现金则可以减少旅行时携带的重量，更加便捷。如果要办理一些银行业务，使用移动支付就可以省去路上的时间，并且业务是否办理成功也可即时查询，这是移动支付的时效性特点。

第二，环保性。手机等移动设备具有支付功能以后，人们对于纸币的使用率便大大降低。在移动支付出现之前，纸币被广泛应用，但是纸币在流通的过程中会出现损耗、破损现象，过一段时间，银行就需要回收纸币，进行销毁。如果销毁量大，无疑会对资源和环境造成破坏。移动支付大大改变了这种现象，起到了改革的作用。

第三，成本低。首先，没有硬件成本。用二维码去铺设市场只需一个小小的桌牌就可以，基本上没有什么硬件成本。如果商家有收银机，还可以通过插件支持扫顾客二维码收款，提高了顾客的消费体验却不用增加硬件成本。其次，二维码支付的手续费更低。市面上很多商家的二维码交易手续费是 0.38%，还有好多服务商向商家提供补贴费率，这样移动支付对比 POS 机的手续费成本(0.6%或以上)就低了很多。

(二)主流移动支付形式目前存在的问题

对于中国来说,移动支付产业虽然发展形势喜人,但作为与我国的各行各业都息息相关的支付行业,移动支付需要更加稳定的表现与发展,而在当下的发展进程中,这些被广大用户所接受与使用的主流移动支付形式存在以下需要改进的问题。

第一,支付宝、微信市场占据绝对优势,移动支付逐渐形成双寡头局面。在上述所介绍的主流移动支付形式中,日常平均使用率最高的还是第三方支付平台的支付形式,其中以支付宝和微信支付为主要的第三方支付平台。而支付宝和微信支付的大幅度发展却暴露了在现阶段移动支付的市场上发展不平衡的问题,其他第三方支付平台诸如百度钱包、PayPal 等发展情况不容乐观,整体市场份额不超过 10%。

第二,支付创新层出不穷,始终存在风险隐患。设计者根据诸如便利快捷等原因不断创新移动支付方式,例如第三方平台的指纹支付、人脸识别等,但这些支付方式隐藏的风险隐患容易被用户忽视。终端的不统一、手机系统的不统一、屏幕的不统一、支付的不统一,这些都大大地增加了服务商的成本和精力。同时,当采用二维码等条形码支付时,容易被旁人窃取二维码,从而产生金钱损失。①

第三,移动设备若不慎丢失容易造成用户隐私泄密。安全问题,比如用户身份认证、安全及隐私保护这些敏感问题,目前并没有完全标准化、法律化,安全问题应当是最先考虑和始终保证的一个问题。移动设备(这里指用户主要进行移动支付的智能手机)特有的威胁就是容易丢失和被盗窃,而一旦丢失或被盗意味着别人可能进入手机看到相关重要数据或使用你的设备进行移动支付。而移动支付所依赖的移动互联网作为一个开放性的通道,也包含着一些不安全因素,比如通话内容被窃听、用户合法身份被窃取、通信双方的身份被假冒以及通信内容被篡改等。

第四,支付对于移动设备和移动网络有要求。用户如果使用移动支付,那么对于所处环境的无线网络要求是比较高的,即网络环境要好,网速不能太慢。移动电子商务的无线信号频段共享于蓝牙、手机等,该类设备可能会产生一些干扰。一旦出现网络速度慢或者网络拥堵的情况,可能会影响一些对于支付或交易时间有规定要求的特殊人群。此外,无线网络漫游的威胁,可能会对移动电子商务用户的可用宽带造成一定的限制。随着电子商务的发展,对于移动终端设备的要求和移动网络的要求都日渐提高,移动设备内存、屏幕尺寸、输入方式等不足都可能影响电子商务的应用。

(三)解决问题的可行性建议

移动支付普及发展是必然趋势,针对存在问题,我们需要多措并举,逐步解决问题。

第一,打造公平的市场环境,促进行业健康发展。移动支付拥有广阔的发展前景,为了让移动支付能够在新时代的发展上升到一个新的高度,需要有良好的政策支持和环境保障。政府和相关行业应致力于创造公平的市场环境,避免寡头甚至垄断的局面出现。

第二,严格执行技术规范。在移动支付风险防控方面应注重系统安全、交易安全、数

① 冯建强,敖婷.移动支付发展研究[J].信息通信,2020(5):3-5.

据保护、内控管理等方面的风险防控；在技术层面上除了按业务流程完成交易外，还要在交易的过程中遵守国家及人民银行发布的相关技术标准与规范，以保证移动支付业务的交易安全和信息安全。在移动支付的产业链中，对于移动设备提供商而言，技术实现和升级应永不停步。一方面，移动支付的方式是不断发展的，移动设备提供商要有一定的技术研发远见，在移动终端本身增加硬件保护功能或生产供应功能，从而满足移动支付的不同需求。另一方面，移动设备的遗失是不可避免的，如何最大限度地保护用户的利益不受损失或减少损失也是移动设备提供商需要思考的问题。同时，其他技术方面也应严格执行国家及行业相关的法律及规范。

第三，加强数据保护，保障用户隐私。相对于传统的电子商务模式，移动电子商务的安全性更加薄弱，因此如何保护用户的合法信息不受侵犯是当前急需要解决的问题，除此之外，还包括了电子支付系统、商品配送系统等安全性问题有待解决。可以采取的办法有吸收传统电子商务的安全防范技术，比如私密密钥加密技术、数字签名技术等。另外，建议尽快对移动支付进行国家层面的立法，完善移动支付行业的个人隐私数据保护制度及顶层设计，尽快出台互联网信息服务及金融支付领域运营企业数据安全管理规则和技术标准，加强包括生物特征在内的用户隐私数据的安全管理。

第四，提高无线宽带网络的容量，提供优质服务。随着移动电话与互联网的结合，无线上网已经成为新的发展趋势。最新研究表明，全球无线互联网的用户已超过有线互联网用户。而为了吸引更多的人通过无线互联网来参与移动支付，就需要提供可靠方便的移动设备。企业应该改进现有的移动终端的设计，同时还应该开发具备多种功能的移动设备，采用易于操作的 WAP 无线设备，从而提供方便快捷的移动电子商务的服务。

第五，提高安全防范意识。移动支付安全涉及每一个支付交易的参与者，安全意识的提高将大大降低移动支付安全事故的发生率，提升移动支付行业整体安全水平。对于与移动支付应用关系最密切的商家和消费者来说，移动支付在提供便利的同时也是风险频发的主要领域。商家在使用移动支付收款时，要注意移动支付工具的安全，关注每笔交易的随时查收，从而保护自身利益。消费者在使用移动支付付款时，不随便连接不明 WiFi 进行支付活动，不随意扫描不明二维码，消费者每扫一码均应与商家确认，以降低风险。因此，积极培育健康的移动支付市场，强化全民安全防范意识刻不容缓。

第三节 移动支付的生活运用及其注意事项

一、移动支付的生活运用

移动支付现已在各级别城市逐渐普及，因其不同于传统支付方式的独特性和优越性，以及同时能够涉及生活的多个方面，移动支付用户越来越多。本节主要介绍移动支付在生活中被人们主要运用的几个方面。

(一)购物

不论是在商场、超市购物还是在网络上如淘宝、京东等购物网站上进行购物,人们都逐渐适应使用移动支付来进行付款。在中国,不管处在什么级别的城市,商场和超市的收银台都会贴出标识,表明支持支付宝、微信等第三方支付平台支付及银联支付。顾客付款有两种方式:一种是打开第三方支付平台扫描店家出示的收款码,输入金额和支付密码进行付款;另一种是向商家出示自己的付款码,商家进行红外线扫码,从顾客账户中扣除相应金额。网购方面,以大家最常用的淘宝和天猫购物为例,利用手机支付宝就可以轻松实现随时随地的移动支付。手机支付宝是支付宝对于手机推出的客户端软件。主要包含如下功用:(1)能够经过"我要付款"功用,向其他支付宝用户进行付款。(2)能够对淘宝和其他网站拍下的商品,用手机支付宝进行付款。(3)能够进行账务和买卖明细的查询。若是其他客户端支持手机支付宝付款,您就能够经过手机支付宝为其他客户端软件供给的效劳进行付费。

(二)日常生活缴费及充值

人们使用移动支付来进行日常生活中一系列的缴费事宜,比如水电费、公交卡充值、话费充值、交通违章缴款等。比如,拉卡拉对于许多实用移动支付的消费者而言应该不算陌生,拉卡拉为用户提供了自助刷卡缴纳水、电、煤气、通信、宽带等费用的服务,通过拉卡拉使用任意一张带有银联标记的借记卡刷卡即可完成缴费,免除了到缴费点排队之苦,而且没有手续费,在大多数地区支持实时到账。

(三)教育支付

移动支付成为流行的支付方式以后,许多大中小学校将移动支付作为缴纳学杂费的方式之一。用户可通过支付宝或网上银行等移动支付方式进行学杂费的缴纳,并同时获得电子订单。除了学杂费,许多喜欢读书的用户还会线上付费看电子书,如今财付通已与两大原创文学网站红袖添香、晋江文学城达成合作,用户可通过财付通进行充值。据了解,在晋江文学城 WAP 站上进行充值,财付通是唯一不收取手续费的充值渠道,而其他支付渠道则都会收取不同比例的手续费。现在,不仅仅是财付通,许多阅读网站和App 也开通了支付宝、微信、银联支付渠道,通过电子付款即可获取虚拟货币来购买想看的书籍。

(四)信用卡还款

使用信用卡消费已经成为如今最常见的支付方式,但是在现实生活中,很多信用卡用户都会因为一时的粗心或在外地出差而未能按时还款,一不小心还会造成个人不良信用记录。而第三方支付企业则及时地推出移动支付手段来解决信用卡还款的问题。据财付通负责人介绍,目前财付通已实现支持全国多家银行的信用卡网上还款,包括兴业银行、中信银行、平安银行、中国农业银行等都已经与财付通达成合作,用户可以通过财付通平台实现信用卡还款实时到账。而在服务的多样性上，第三方支付平台又走在了市场前面，目前财付通用户可以通过QQ钱包或者财付通手机客户端随时随地轻松还款，从发起还款到成功还款只需3秒。这样，信用卡持卡者便再也不用担心因为异地还款、跨行转账或者资金延时到账等造成的逾期偿还问责问题。此外，财付通还为持卡者提供了各种形式的还款提醒，包括弹窗提醒、邮件提醒等。

(五)交通出行支付

出门在外经常会遇到需要临时购买飞机票或火车票的情形，习惯了在线预订和支付的消费者可能一时间很难找到合适的上网地点来进行操作，而移动支付无疑是这种场景下最好的帮手。据介绍，携程在推进"大拇指＋水泥"业务战略(即移动端与呼叫中心配合战略)，发布新品牌标识与无线应用广告语的同时，也发布了新版无线应用。新版的无线应用服务体验更加智能化，为移动场景中的旅行者提供最便捷的服务体验。

除了以上五个方面，移动支付在生活中的运用还包括购买基金、公益捐款、在线视频收费、网游充值等。

二、移动支付生活运用时的相关注意事项

移动支付作为正在发展且不断扩大的产业，很多地方还需完善，正如上文所说的，移动支付的发展存在着一些仍需改进的问题，因此，在生活中我们使用移动支付时也需要注意和提高警惕。

(一)注意移动网络的安全性

很多时候人们在户外办公或者使用移动设备，都会连接公共场合的WiFi来登录移动互联网，进行付费或者转账。然而不法分子也正是利用了用户的支付习惯，专门在一些购物中心、休闲场所建立免费的虚假WiFi，不明真相的消费者一旦连接，其个人信息就有泄漏的风险。黑客还可以通过后台程序记录下上网者的手机IP地址和信息，其用于支付的卡号和密码就有被盗取的可能。

案例：

(1)据《齐鲁晚报》报道，家住青岛中山路的庞先生，登录一个免费公共WiFi之后没几天，和手机号绑定的银行卡就被盗刷了1万多元。

(2)据中国新闻网报道，家住株洲市芦淞区的张女士，在一家商场内发现一个没设密码的WiFi，连接WiFi后进行了网购。随后，张女士的手机连续收到短信提醒，其信用卡被盗刷4笔，总金额高达8000多元。

(3)一位被盗刷网银的妹子在闹市区举着牌子，提醒路人谨慎连接免费WiFi。

(二)防范"病毒二维码"

近年来，携带木马病毒的二维码也成为骗子套取信息的新方式。有时不小心扫了一个二维码，就有可能面临被盗刷的风险。据了解，不法分子在网上下载一款"二维码生成

器”，再将病毒程序的网址粘贴到二维码生成器上，就可以生成一个“有毒”的二维码。诈骗分子会利用这些二维码将手机木马植入被害人手机并自动提取相关信息，短短几秒钟的时间，手机号、卡号、密码等私人信息可能已经传到他人手中。

案例：

家住北京海淀区的李浩有一辆私家车，平时开得少，也从未吃过罚单。一个周末，李浩开车去大兴区的朋友家做客，看到小区周边道路停满私家车，他就也把车停在了路边。从朋友家出来，李浩却发现自己车子的挡风玻璃上多了一张印有二维码的“违章停车通知单”。

“一开始以为是谁放的小广告，细看发现有交警支队的公章，还抄了我的车牌号。”李浩看附近车辆都有这样的“通知单”，便信以为真，开始按“通知单”提示准备扫描二维码缴款。正在这时，另一位车主走来，将自家车上的“通知单”揭下，李浩上前询问才知，原来这是一种支付欺诈手段，一旦支付成功，钱款就转入了骗子的微信账号。

拿到李浩提供的“通知单”，记者打开手机微信扫描了二维码，手机立刻转入支付界面，金额为 200 元，还有“北京市大兴区交通支队”的字样，暗示用户缴纳罚款。然而，记者仔细查看支付页面，在用户头像下方，却有一排“向个人用户转账”的提示，表明这是个人账号。记者点击下方“转账”按钮，弹出“收款方微信支付账号已被冻结”的字样，显示这一账号已被举报查封。

（三）警惕“钓鱼网站”

“钓鱼网站”是近年来较为常见的一种窃取信用卡信息的方式。不法分子会使用“改号器”软件把电话号码“伪装”成银行的客服号码，再利用流动的伪基站，到人流多的地方发送这类诈骗信息，引诱受害人登录其设计好的一个足以以假乱真的假冒银行网站。一旦受害人在这个网站上输入账户和密码等关键信息，这些信息就会被不法分子所得，再利用这些信息通过网络把账户里的资金转走。

案例：

某报记者接到群众求助称其遇到了两种类型（单纯的钓鱼网站和被黑的正常站点）的组合攻击，黑客在被黑的电商站点上更改付款页面的代码，然后将客户定向到第三方钓鱼网站的支付页面。

钓鱼黑客通常会使用电子邮件和钓鱼网站去引诱受害者。在上述介绍的案例中，攻击者直接在被黑的合法电商网站上，劫持了付款页面。当客户在为商品进行支付时，他们会打开付款页面。但实际上，他们打开的并不是该电商网站的支付页面，而是黑客钓鱼网站的支付页面。它看起来确实像是正常的付款页面，如果受害者是第一次在该网站买东西，不看地址栏的话，他们甚至意识不到已经转到了一个完全不同的网站。由于受害者已经启动了疯狂购物模式，准备输入他们的信用卡账户了，所以这个时候受害者的警惕性是相对很低的。最后，消费者的信用卡信息被盗，原本合法的电商网站也失去了这单交易。

3-6 延伸学习：数字人民币

3-7 延伸学习：第三方支付

本章习题

1. 移动支付的特点是什么？请举例说明。

2. 中国的移动支付产业发展和其他国家相比具有怎样的优势？

3. 请列举主流移动支付方式，并根据你的理解与生活体验，谈谈你对微信支付和支付宝未来发展潜力的看法。

4. 密码支付和指纹支付的优点和缺点各是什么？

5. 在生活中，我们使用移动支付时需要注意什么？

3-8 本章习题答案

第四章 网络现金贷的产生及其社会危害

近年来，各种网络现金贷平台如雨后春笋般出现，各种小额贷款公司通过网络向大众提供贷款。这种网络现金贷虽然一定程度上解决了借款人的燃眉之急，但其高额利息(甚至是高利贷)、诱导贷款、暴力催收等弊端也引发了许多社会问题。网络现金贷进入校园变种为校园贷，对涉世不深的大学生具有诱惑力，许多大学生盲目消费，未出校园就背上了沉重的债务负担。所有公众，特别是当代大学生，需要充分认识网络现金贷的本质，理性消费，量入为出，自觉抵制不良网络现金贷。

第一节 网络现金贷的产生

一、网络现金贷的内涵

现金贷就是借款金额较小、期限较短、用途不定的无抵押信用贷款。2017 年 12 月 1 日，互联网金融风险专项整治、P2P 网贷风险专项整治工作领导小组办公室正式下发《关于规范整顿“现金贷”业务的通知》(整治办函〔2017〕141 号，以下简称 141 号文)。141 号文称现金贷具有“无场景依托、无指定用途、无客户群体限定、无抵押”等特征。这部分贷款是通过互联网方式实现的，就是网络现金贷。网络小贷持牌公司所从事的部分业务就是现金贷业务。

现金贷起源于 20 世纪 90 年代中期，其原型为美国的发薪日贷款(payday loan)，一般指贷款期限为一个月以内，贷款金额一千美元以下的个人短期信用贷款。国内“现金贷”一词的出现源于腾讯公司 2015 年推出的“QQ 现金贷”。目前官方对现金贷没有明确的定义，从广义上讲，我们可以把个人短期小额信用贷款都纳入现金贷的范畴；狭义的现金贷主要指利用互联网平台和手机终端进行的个人短期小额信用贷款，俗称“网络现金贷”。

网络现金贷和 P2P 有何不同？P2P 是平台和信息中介，为投资者和借款人之间牵线搭桥，为双方匹配投资和借款需求，本身不提供资金，也不提供资金保障等服务。而网络现金贷公司则是直接的资金提供者，依靠贷款利息获得收益。

4-1 知识小测试

现实中，有人确实分不清网络现金贷和P2P，因为直观感觉它们都是从网络上借钱的一种方式。实际上，P2P平台为出借人与借款人提供直接借贷信息的采集整理、甄别筛选、网上发布及资信评估、借贷撮合、融资咨询、在线争议解决等相关服务，实行自身资金与出借人和借款人资金的隔离管理。P2P平台由于获客成本高居不下，有时借道小贷公司获取客源。小贷公司引入P2P的资金放大资金杠杆，规避资金来源限制。P2P的资产难觅，网络小贷资金受限，双方一拍即合，由小贷公司寻找借款人，P2P平台获取投资人并撮合借贷信息，这就给了人们一种错觉，认为二者是一模一样的。事实上，二者的本质是截然不同的。

二、网络现金贷的主要模式

(一)纯线上模式

线上模式的现金贷是指利用网络平台完成贷款申请、审核、发放、还款全过程。随着国内互联网金融和大数据兴起，期限灵活、操作方便的线上现金贷模式获得了快速发展，比较知名的如平安银行推出的“平安i贷”(见图4-1)、蚂蚁金服推出的“蚂蚁借呗”(见图4-2)、腾讯微众银行推出的“微粒贷”(见图4-3)等。

图4-1　平安i贷

图4-2　蚂蚁借呗

图4-3　微粒贷

(二)线上线下相结合模式

随着线上风控技术的不断提高，现金贷公司对借款人审核成本不断下降，促使其将部分业务从线下往线上转移。2006年宜信成立初期采用线下模式，从2012年开始，宜信开始推出线上借贷平台“宜人贷”。目前宜信的现金贷业务基本实现了线上运营，而一些平台如“团贷网”则还处在线下转线上的过程中。当然，一些大额长期信用贷款业务还依然保留着线下模式。

三、网络现金贷的主要特点

(一)从产品本身来看

网络现金贷的主要特点：一是额度小，可为500元、1000元、2000元等；二是期限短，有7天、14天、21天，还有1个月不等；三是定价高，年化低则20%，高则达百分之几百。

(二)从面向的群体来看

网络现金贷使用者有三个特点：一多是年轻人，二多是低收入的人，三多是不被其他信贷产品服务的人。这个群体规模达3000万—5000万人。

四、网络现金贷的种类

当前，国内的网络现金借贷平台最热时已超千家。从发起机构主体看，主要分为三类：一是以传统商业银行和消费金融公司为代表的持牌金融机构，如工商银行“融e借”、招商银行的“闪电贷”、苏宁消费金融“任性借”。该类平台基于目前分期业务扩展，资金来源广、成本低，现金贷日息可以低至万分之二乃至万分之一，实际年化利率在10%左右。二是互联网新兴持牌金融机构，如腾讯微众银行“微粒贷”、蚂蚁金服“借呗”、京东“金条”，日息一般万分之三到万分之五不等，实际年化利率基本在10%～20%。这类平台资金实力比较雄厚，通过内部流量转化，其获客成本较低。三是数量众多的P2P网贷机构和互联网垂直借贷平台。这类现金贷业务的客户群体相对下沉，实际上是一个次级贷款市场，如宜人贷“借款”、信而富“现金贷”，以及“手机贷”“现金巴士”“2345贷款王”等。此类平台规模大约有数百家，占比最多，也是目前现金贷业务开展最为活跃的平台，主要针对细分人群，获客及资金成本相对较高。

第二节　网络现金贷的本质

网络现金贷最初来自小额贷款公司。小额贷款公司的主要资金来源是股东缴纳的资本金、捐赠资金，以及来自不超过两个银行业金融机构的融入资金。其中，从银行业金融机构获得的融入资金，不得超过资本净额的50%。社会上有部分群体有资金的需求，数额要求不大，没有什么资产可以作抵押，也很难从正规的银行机构得到贷款，因此就产生了民间贷款的需求，或者从小贷公司贷款的需求。尤其现在互联网和移动互联网的普及，这种贷款就通过网络进行，因此就产生了网络现金贷。所以网络现金贷本质上就是通过网络进行的无抵押、无担保的贷款。因为无抵押、无担保，所以出借方的风险是比较高的，相应地就要求更高的利息，通常见到的网络现金贷的年化利率达到 36%，甚至更高的都有。因此网络现金贷通常也是一种高利贷。

第三节　网络现金贷的变种——校园贷

网络现金贷的贷款对象是所有有小额资金需求但是又不能从正规金融机构得到贷款的人群。大学生也是这个群体的一部分。个别大学生的不理性消费或过度消费产生了资金的需求，但他们不能从正规金融机构得到贷款，就产生了网络现金贷的需求。网络现金贷瞄准了大学生这个潜在的市场，把触角伸向了校园，就产生了各种各样的校园贷。校园贷在多所校园蔓延，一所大学的一位大三女生曾经透露，她使用过“趣分期”（电商分期付款的方式），购买了手机和电脑。她说这种贷款的额度一般较低，一般就两千元左右。想买东西但生活费不够时，就可以先买，下个月再还上，压力不会太大。如果同学理性使用校园贷，自然不会产生太大的压力，但是如果过于盲目，不能很好地控制贷款的规模和使用节奏，就有可能产生沉重的负担，甚至被压垮走上绝路。例如，2016 年 3 月，河南某高校的一名在校大学生，用自己的身份及冒用同学的身份，从不同的校园金融平台获得无抵押信用贷款高达数十万元，当无力偿还时跳楼自杀了。

第四节　校园贷的危害与当代大学生的应对之道

网络现金贷进入校园就变成了校园贷，涉世不深的大学生可能不能理性对待，部分大学生甚至是深陷其中，背上沉重债务负担。所以，当代大学生需要理性消费，树立正确的消费观、财富观、风险观。

一、校园贷的危害

4-2 校园贷

校园贷虽然在特定时期能解决大学生的燃眉之急，满足大学生的资金需求，但是对涉世未深、自控能力较差的大学生而言，校园贷的危害也是显而易见的。所谓的校园贷，本质上就是高利贷。校园贷严重扰乱校了园环境和市场环境，严重危害着学生人身财产安全和社会稳定。教育部等部门 2017 年联合下发《关于进一步加强校园贷规范管理工作的通知》，明确要求未经银行业监管部门批准设立的机构不得进入校园为大学生提供信贷服务。公安机关始终保持对校园贷的高压严打态势。现实中校园贷对大学生产生的危害具体包括以下几个方面。

(一)个人信息的泄露

走进大学可以发现,各种角落经常可见各种小广告,广告文案简单粗暴——小额贷款,安全、快捷、方便、随借随贷;只需身份证,就可以借款;只需两小时,立刻到账。久而久之,大学生就会感觉贷款非常容易。真的想要贷款的时候,在网站或平台上填报各种个人信息即可获得资金。这样个人信息就被泄露,甚至被不法分子利用。

(二)债台高筑

校园贷很可能会刺激大学生超前消费、过度消费,从而造成债台高筑。正如一位大学生回忆说:“因为不需要任何抵押和条件就可以消费或提现,这在一定程度上刺激了自己的消费欲望。”2018 年 1 月,某高校一位在校大学生在“钱站”成功借款三笔,总共借款 28000 元,但是到期时需要偿还的金额高达 60000 元。因无力偿还,该学生不得已退学,甚至一度想要轻生。2017 年 8 月 15 日,20 岁的北京某外国语大学的学生,在吉林老家溺水而亡。家人发现他留下的遗书后,他的手机还不间断地收到威胁恐吓其还款的信息。通过其家人介绍得知,他生前曾在多个网络借贷平台借“高利贷”,已累计达 13 万余元,其中一笔借款数额为 1100 元,一周后需还 1600 元,周利息高达 500 元。2017 年 8 月 24 日,武汉某大学大三学生因欠下“校园贷”4000 元,一年时间滚到 50 余万元。

案例:

江苏某大学的大三学生李娜(化名)原本家境富裕,前几年因家族企业连续不景气,每月供她的日常生活费大幅减少,但李娜花钱大手大脚的习惯却没改过来。在朋友介绍下她开始从现金贷 App 上借钱。于是,噩梦开始了。

“以前家人给我的生活费有五六千块,现如今每月生活费只有千把块,我不想让周围人看笑话,以前用什么高级化妆品,现在还用什么,衣服一买一大堆。”李娜告诉记者,“现金贷 App 借钱很容易,剁手消费很爽且有面子。但是借款还不上,又不敢跟家人张口要钱,只好从其他现金贷 App 上借更多的钱,填补上一笔借款的窟窿,债务链条越拉越长,借钱的笔数多到自己数不清,最后都记不清自己欠了多少,现在想来真是蒙蔽了双眼,悔不当初。”

李娜在三四十个现金贷 App 上借钱,债务像滚雪球一样越滚越大,终于扛不住了,各平台经常会在半夜三更打电话给她的家人和朋友催债讨债,并声称要打爆她的通讯录。家人想方设法,陆陆续续帮她还了近 30 万元,到现在却还没有悉数还完。

(三)心理健康受到影响

深陷校园贷的大学生,经常会收到放贷者发送的侮辱性的文字、图片(一般将受害人照片 PS 成裸照、遗照)等信息。放贷者有时还发送打手施暴催款的视频,意在威逼恐吓大学生还款。很多学生意识到了问题的严重性,产生了恐惧心理,心里只想着尽快还清贷款和利息。于是,校园贷通过层层转贷和“驴打滚、利滚利”的方式,将贷款变成了大学生及其家庭难以承受的巨额欠款,给学生带来巨大的心理压力,严重影响他们的身心健康。据了解，身陷其中的年轻大学生绝大多数因焦虑、恐惧而失眠，有的学生患上了抑郁症，甚至走上绝路。

（四）不法分子利用校园高利贷进行其他犯罪

校园贷平台有一整个催款程序，包含了“十步曲”：(1)发逾期短信；(2)单独发短信；(3)单独打电话；(4)联系贷款者室友；(5)联系父母；(6)再次警告本人；(7)发送律师函；(8)给学校发通知；(9)在学校公共场合张贴大字报；(10)群发短信。不法催收的方式多种多样。

其一是“裸照催收”。2016 年一位 19 岁女大学生透露：当时她实在是太想买新手机了，于是借了 1 万多元的“校园贷”，为了偿还利息，多次借钱，最后被借款人拍下了裸照。后来一五一十告诉了父母，并向辖区派出所报警，在民警建议下才停止还款。2017 年 4 月 11 日，厦门某学院一名大二女生因陷“校园贷”，在宾馆自杀。据媒体报道，该女生借款的校园贷平台至少有 5 个，仅在“今借到”平台就累计借入 57 万多元，累计笔数 257 笔，当前欠款 5 万余元。其家人曾多次帮她还钱，期间曾收到过“催款裸照”。

其二是暴力催收。犯罪团伙经常利用在校学生的单纯，逼迫受害人签订不平等借贷协议，甚至要求受害人在空白纸上写姓名和身份证号并按手印，根本不写借款期限、借款金额和利息。所以受害人经常连自己欠了多少钱都不知道，然后就被上门暴力催收了。犯罪团伙讨债时除了对受害人施以软暴力外，还常以暴力相威胁。

二、当代大学及大学生的校园贷应对之道

（一）学习相关的金融知识和互联网金融知识，提高财商

当代大学生需要提高“四商”，也就是智商、情商、逆商、财商。前面三个“商”我们在大学的教育中还是比较重视的，大学开设了相关专业课、人际关系处理课、思想政治理论课等。而财商的教育较为滞后，表现为：部分大学生爱慕虚荣，消费无度，很不理性；部分大学生根本不能辨别网络借贷利息的高低，也不知道什么是“砍头息”；部分大学生根本不知道 P2P 和校园现金贷的区别；部分大学生没有诚信意识、责任意识，觉得网络借贷的钱好像不用还似的。因此，我们切实需要加强对大学生的财商教育，让大学生在学习基本金融知识和互联网金融知识的同时，提高财商，合理规划自己的收入支出，量入为出，避免掉入各种陷阱。

大学生自身需要认识到物质消费是无止境的，应该不断丰富精神追求，控制消费欲望。大学生要根据自身经济状况合理消费，不超前消费，也不盲目攀比。在生活细节方面，大学生应该学会规划生活，合理支配生活费用。在收到父母给予的生活费时，大学生应该科学切分日常伙食、必要的日用品和休闲娱乐等方面的支出所占的比例，避免入不敷出，盲目借贷。

（二）学习法律知识，用法律武器维护自身的合法权益

大学生要深入学习金融法律知识，提高法律与金融素养，了解不同金融工具的风险

所在，增强自身风险防范意识和自我保护意识。根据我国法律相关规定，民间借贷约定的利率在年利率 24%—36%的，属自然债务区，法律既不支持也不反对；借贷双方约定的利率超过年利率 36%的，超过部分被认定为无效利息，借款人可要求出借人返还已支付的超过年利率 36%部分的利息。因此，如果借款人觉得约定的利息太高，或是还款方式不能继续履行，借款人可以通过诉讼方式要求对方在合法范围内变更之前的约定。当大学生遇到暴力催收，可以报警或用其他法律武器捍卫自身的合法权益。

同时，大学生需要保管好自己的身份证、户口本，防止被不法分子利用。大学生还应培养日常收集证据的习惯。借款人在校园贷案件中被判败诉的主要原因是无法提供相关的证据来证明放贷人的行为违法。大学生要善于收集证据，当放贷人以各种借口变相收取费用，即借款人实际收到的金额与合同约定的贷款金额不一致时，可以通过微信、QQ 聊天或者发邮件等方式进行询问，并通过截图或录音来固定证据。

(三)鼓励合法合规的金融机构进校园

我们在取缔和清理暴力催收、发放校园高利贷等问题平台的同时，也要关注到大学生合理的消费信贷需求，不搞“一刀切”，需要培育更多稳健经营、风控技术完备的消费金融平台，鼓励合法合规的金融机构进校园，为大学生提供小额、适度的消费金融产品。当然大学生有金钱借贷需求时，可以从正规的金融机构得到贷款。

总之，校园贷是时代的产物，它的出现在一定程度上满足了大学生的消费需求，但校园贷一旦演变成“套路贷”就会给学校、家庭和社会带来巨大的危害。大学生的不健康消费需求给“套路贷”提供了滋生的土壤，而大学生对“套路贷”认知的缺乏又导致了风险的产生。预防“套路贷”风险的发生，需要社会、家庭、学校和大学生的共同努力。

4-3 蚂蚁集团暂停上市的思考

本章习题

1. 网络现金贷的本质是什么？
2. 校园贷有哪些潜在危险？
3. 当代大学生如何应对校园贷？

4-4 本章习题答案

第五章　对 P2P 的认识、风险识别及 P2P 的现实运用

第一节　P2P 的含义与特点

一、P2P 的含义

P2P 是英文 peer to peer lending(或 peer-to-peer)的缩写，即个人对个人(伙伴对伙伴)，又称点对点网络借款，是一种将小额资金聚集起来借贷给有资金需求人群的一种民间小额借贷模式，是互联网金融的表现形式之一。借助互联网、移动互联网技术的网络信贷平台及相关理财行为、金融服务，属于民间小额借贷。P2P 的典型模式是：网络信贷公司提供平台，充当信息中介和服务中介，由借贷双方自由竞价，撮合成交，如图 5-1 所示。资金借出人(投资人)获取利息收益，并承担风险；资金借入人(借款人)到期偿还本金，网络信贷公司或平台收取中介服务费。P2P 流程如图 5-2 所示。

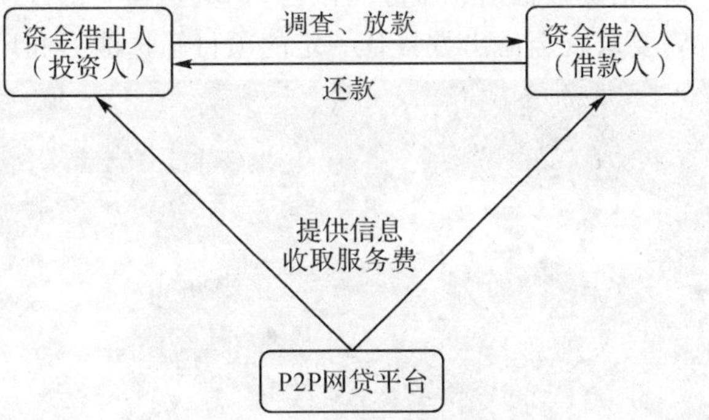

图 5-1　P2P 典型模式

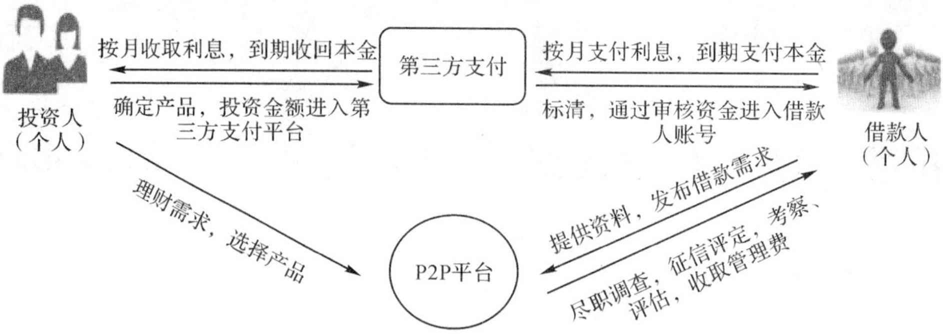

图 5-2　P2P 流程

5-1 P2P 的认识、风险识别与现实运用

5-2 P2P 暴雷(PPT)

5-3 P2P 暴雷(视频)

二、当前我国 P2P 运营模式及特点

(一)纯中介平台:线上搭桥+线下交易

纯中介 P2P 网络借贷平台并不参与借贷交易,也不对借贷项目兜底,而是提供供需信息匹配、借贷工具支持和交易服务咨询等服务,这也是 P2P 网贷最原始的运转模式。该平台借款人的借款利率在最高利率的限制下,由资金供给方自行设定。国内最早的"拍拍贷"(全称:上海拍拍贷金融信息服务有限公司)就是典型的纯中介平台(见图 5-3)。这类平台的收益不高,要求资金借出方具备一定的项目筛选能力和风险控制能力。[①]

图 5-3　拍拍贷

① 刘琦.我国 P2P 网络借贷的运营模式与风险防控[J].商,2015(24):182.

(二)复合型平台:线上交易+线下交易

复合型 P2P 网络借贷平台,一方面提供正常的借贷供求匹配和交易咨询服务,另一方面也实施风险准备计划,当满足一定条件时,若网贷项目借贷发生违约的风险,P2P 网络借贷平台将为出资人垫付本金并支付利息。由于该类 P2P 网贷平台的机制设计中借出方的风险较低,其融资能力较强,故当前我国绝大多数 P2P 网贷平台采取这种复合型模式,如百善金饭碗(见图 5-4)、铭捷金服、喜悦金融等。[①]

图 5-4　百善金饭碗

(三) 公益性平台:公益为主+象征收费

公益性 P2P 网络借贷平台的主要目的是支持扶贫、救灾、防险、助农等。公益性 P2P 网络借贷平台在交易活动中,引入严格的风险防控体制,对借入方的信用要求较高,因而平台和借出方的风险都较低。当前,国内比较著名的公益性平台主要有宜农贷、融和贷、惠农贷。

章节小测试

5-4 章节小测试答案

1. P2P 模式主要是指由平台开发借款人,通过审核、协定借款利率和借款金额后,将借款信息发布在平台上,然后由投资人投标完成借款,平台收取服务费。其中 P2P 的含义是________。（　　）

A. person to person　　B. peer to peer

C. people to people　　D. partner to partner

2. P2P 网贷是由 P2P 网贷平台作为中介平台,借贷人在平台发放借款标,投资者进行________向借款人放贷的行为。（　　）

A. 抢标　　B. 招标　　C. 竞标　　D. 串标

3. 下面对于 P2P 最恰当的解释是________。（　　）

A. 网络高利贷　　B. 对等网络借贷

C. 个人对个人的借贷　　D. 线下理财产品

4. P2P 网贷是指个人或法人通过________第三方网络平台相互借贷。（　　）

A. 独立的　　B. 民间的

C. 依靠银行的　　D. 依靠政府的

---

① 刘琦. 我国 P2P 网络借贷的运营模式与风险防控[J]. 商,2015(24):182.

5. 拥有资金并且有理财投资意愿的机构或个人，通过网络平台，以信用贷款的方式将闲置资金贷给资金需求方，这种模式被称为________。 (　　)

A. 互联网众筹　　B. P2P 模式　　C. 大数据金融　　D. 第三方支付

6. 在互联网金融领域，个体网络借贷机构的性质是________。 (　　)

A. 借款人　　B. 贷款人　　C. 信息中介　　D. 结算机构

7. P2P 网贷平台的基本法律主体是________。 (　　)

A. 投资人　　B. 借款人　　C. 网贷平台　　D. 商业银行

8. P2P 网络借贷的特点是________。 (　　)

A. 无成本　　B. 小而分散　　C. 融资便捷　　D. 普惠金融

9. 下面关于 P2P 网贷平台的特点，说法正确的是________。 (　　)

A. 投资门槛低　　B. 交易的目的是谋取利益

C. 借款人不需要进行信用甄别　　D. 资金可以实现风险分散

10. P2P 网贷产生的原因有________。 (　　)

A. 银行存款利率低　　B. 银行贷款利率高

C. 市场刚性需求强　　D. 互联网技术快速发展

第二节　P2P 的风险识别

P2P 网络借贷作为基于互联网的新型借贷模式，具有信息透明、跨地域等优势，但 P2P 网贷行业相关法律缺失、进入门槛低、行业标准和操作规范缺乏、政府监管不到位、我国征信体系不完善、借贷信息不对称等问题叠加在一起，加剧了风险的积聚。从 P2P 在我国发展的历程看，主要有以下四大风险因素。

一、信用风险

信用风险是 P2P 网络借贷行业存在的主要风险，一旦借款人违约，那么投资者就要承担损失。我国信用风险主要为借款人信用风险和网贷平台信用风险。由于借贷双方信息不对称及道德风险存在，投资者缺乏对借款人信用评价的信息渠道和手段，加之平台或借款人自身不道德行为等都可能损害投资人利益。我国很多网贷平台充当担保人角色，在借款人逾期不还款情形下，平台承诺垫付本金或本息，虽能够避免借款人逾期不还款的信用风险，但不能保证平台缺乏可靠性及违约而损失的风险。[①]

① 柴若冰，乔香兰，张楠楠. P2P 网络借贷风险分析与防范对策[J]. 保定学院学报，2020(3)：8-14.

二、政策(法律)风险

政策风险是指由于政策的变化给 P2P 网络贷款当事人造成不利影响,如税收政策、产业政策、环保政策及其他政策都可能对 P2P 项目投资造成严重影响。法律风险是指由于法律法规制度的变更给 P2P 项目投资造成的损失。非法集资和非法吸储可能是 P2P 平台会面临的法律风险。P2P 平台的定位是中介,中介的角色就决定了 P2P 平台不能接触资金,更不能进行非法集资和非法吸储,但有相当多的平台还是在进行资金的募集。所以随着监管法律法规的出台和严格执行,这种非法集资模式和类非法集资模式很可能会首当其冲受到监管甚至取缔。

三、道德风险

道德风险是在 P2P 网络投资过程中因欺诈等不道德行为而造成各种损失的风险。近年来我国发生不少倒闭、跑路案,很多投资者上当受骗,不仅没有盈利,反而蒙受严重损失。道德风险产生的原因主要有:投资者缺乏专业知识和经验,分辨力不强导致上当受骗;P2P 平台缺乏职业素养和服务能力,不能正确判断各种复杂条件和风险,不能为投资者提供警示和安全保障;不法之徒利用小微企业和个人对资金需求的迫切之心,精心设计各种圈套,以网贷为诱饵,骗取钱财,一走了之,如图 5-5 所示。[①]

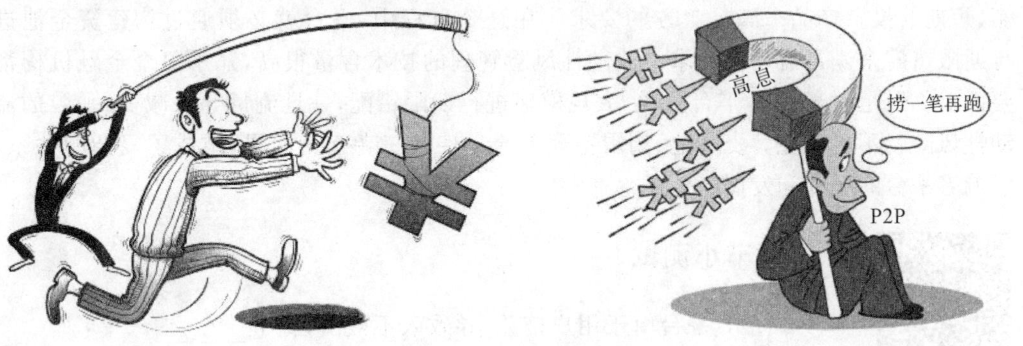

图 5-5 网贷骗局

四、财务风险

财务风险主要表现为两种形式:违约风险和财务杠杆风险。违约风险是 P2P 当事人因支付能力不足而不能按时足额地向债权人还本付息所带来的不利影响。财务杠杆风险是因高负债融资给投资人带来的风险。财务风险产生的最主要原因是负债融资和企业经营管理不善造成的后果,具体包括:(1)认识层面,如 P2P 当事人不了解 P2P 网络贷

① 柴若冰,乔香兰,张楠楠. P2P 网络借贷风险分析与防范对策[J]. 保定学院学报,2020(3):8-14.

款融资业务的风险和危害，对未来投资前景预计乐观；(2)管理水平层面，如经营管理水平落后、平台亏损、项目选择不当、决策失误、现金流周转不灵等。

五、操作风险

目前操作风险也是P2P平台面临的主要风险之一。操作风险主要表现为借款人信息造假和提交错误信息所造成的风险。P2P平台由于各种原因目前本身既没有数据积累，又缺乏发布数据的支撑，所以很大程度上依赖于借款人自己提交数据，包括收入水平、抵押品、信用状况等，这就使得借款人为了提高自身的信用水平而提供一些虚假数据和错误数据，而平台却无力对其进行检验。在这样的情况下，一般的借款人的信用水平就相对高估，对一些原本无法取得借款的借款者提供贷款，进而借款的违约率就会相应上升。随着平台数据的不断积累，以及外部数据的互联互通，未来有望实现数据的多元化和交叉验证。这样就可以在一定程度上对借款人提交的信息就行检验，从而降低这种人为的操作风险。

六、流动性风险

在P2P平台介入交易的过程中，面对借款人期限长、利率低的借款要求和投资人期限短、收益高的投资要求，很多平台进行了标的拆分，把大额、长期的借款标的拆分为小额、短期的投资产品来满足双方的要求。在这个过程中，平台就必须通过构建资金池进行期限错配来满足流动性需求。流动性风险管理的技术含量很高，几乎每个金融机构都要面对。但是对于P2P平台来说，大规模地进行期限错配，一旦流量导入减少，平台的流动性风险就不可避免。资金池、期限错配和流动性这三者互为因果，结成了复杂的关系，影响着平台的生存和发展。

5-5 章节小测试答案

章节小测试

1. P2P平台由于用户挤兑，导致入不敷出，属于________。（　　）

A. 操作风险

B. 利率风险

C. 信用风险

D. 流动性风险

2. P2P平台由于借款人信息造假和提交错误信息所造成的风险属于________。（　　）

A. 操作风险　　B. 市场风险　　C. 风控风险　　D. 流动性风险

3. 在P2P平台上发放贷款，借款人到期不执行还款，属于________。（　　）

A. 操作风险　　B. 法律风险　　C. 信用风险　　D. 流动性风险

4. P2P平台蓄意非法集资，而后跑路，属于________。（　　）

A. 信用风险　　B. 欺诈风险　　C. 技术风险　　D. 流动性风险

5. 流动性风险是指互联网金融机构在某个时点没有足够的资金来满足客户________需求的风险。 ( )

A. 存款 B. 贷款 C. 提现 D. 投资

6. 人人贷应对 P2P 风险的手段不包括________。 ( )

A. 投资者分散投资 B. 贷款需要有抵押

C. 设立风险准备金 D. 开设线下实体店

7. P2P 网贷的风险包括________。 ( )

A. 信用风险 B. 法律风险 C. 操作风险 D. 流动性风险

8. P2P 网贷平台产生流动性风险的主要原因有________。 ( )

A. 平台自融 B. 不合理的拆标

C. 平台自行担保 D. P2P 平台没有进行资金托管

9. P2P 公司风险控制的常用举措有________。 ( )

A. 鼓励投资人分散投资 B. 线下实体门店考察

C. 对贷款者进行信用调查 D. 贷款者按月还本付息

10. P2P 平台发展的风险主要来源于________。 ( )

A. 政府监管的缺失 B. 信用体系的不健全

C. 平台准入门槛低 D. 平台担保杠杆过高

第三节 P2P 网贷风险溯源及治理

一、P2P 网贷风险溯源

(一)个人层面

1. 网贷借入人征信难

借款人信用评价是网贷中的最大难题。在借贷合同达成前，网贷平台会对借款人的信用进行评价，全面审核借款人的真实身份、经济收入状况、以往的社会信用状况、还款能力，根据借款人提供的真实资料对借款人信用分等级进行评价，形成信用综合评价等级，将借款人的真实身份和信用评价状况提供给贷款人作为放贷的参考。但这个过程难度较大。第一，借款人的个人有效信息来源不详。借款人真实身份信息和信用评价来源具有局限性，网贷平台无法核实借款人的真实经济收入状况，无法全面了解借款人真实的借款意图，无法验证借款人的真实身份，对于家庭背景以及社会关系身处异地的行为人，仅能将借款人在网贷平台填写的相关信息作为依据。第二，个人征信体系尚未实现信息全覆盖。中国人民银行有个人征信评价体系，是对普通公民和法人进行信用评价的

“大数据”,但目前仅对公民本人开放信用查询,其他人或企业公司还无法进入该系统查询他人的征信记录。并且征信体系中的数据还不完善,一些经济不发达和偏远地区的数据建立具有局限性,没有实现全社会信息的覆盖,无法实现全社会共享公民征信评价信息。因此,网贷平台无法自己获取借款人真实的信用评价信息,不能全面掌握借款人的还款能力,也不能预知他们是否会有恶意欠款、骗贷的意图。第三,网贷平台无法对借款人的还款能力有效甄别。网贷平台会要求借款人提供能够体现还款能力的信息,比如提供固定资产等信息,但如果借款人虚构还款能力,虚构房产、汽车、有价证券、高收入、银行巨额存款等资产证明情况,借贷平台很难及时逐一进行核实。

2. 网贷出借人资金来源难监督

贷款人的资金是网贷平台无法完全监督的,网贷平台无法全面核实贷款人的真实身份、投资意图、资金合法性。平台为了经济利益会对贷款人资金监督“睁一只眼,闭一只眼”。作为第三方中介不能审核贷款人的身份、资金合法性,往往只是在网贷平台网站的醒目位置以预防为主要方式提出警示或发出警告,预防违法行为或网络犯罪行为的发生。

(二)平台层面

1. 网贷平台存在自融资金行为

网贷平台本身应是信息中介平台,其性质应为金融咨询机构与金融中介机构,依靠中介费用获利。网贷平台撮合贷款方和借款方形成借贷关系,处于金融中介者地位,不参与二者之间的金融往来。但网贷平台由于利益的驱使,隐藏自身中介身份,利用平台频频发标形成自融资金,或者假借第三方名义发标融资实则自行融资,融资来的钱进行再投资获利。多数平台日常的交易金额少则几个亿,多则上百亿,融资获利远大于平台中介费的利润。个别网贷平台为了实现自融资金,甚至会伪造平台经营规模假象,伪造交易流水记录,误导公众对平台高额交易金额假象形成信任。当平台自融资金无法按期归还时,多数平台法人会选择触犯法律,携款跑路,构成非法集资行为。

2. 网贷平台存在资金池风险

网贷平台在实际运营过程中容易形成资金池,当贷款人资金流入平台后或者借款人还贷时,平台一般会对资金进行审核,形成短暂停留空隙,或者资金在第三方支付平台滞留一定时间,短为1天,长为3至5天,滞留期内的资金保存在网贷平台中,网贷平台可以利用资金的短暂停留期,将资金用于投资或者挪作他用。此外,个别网贷平台凭借中介身份,利用自己的员工假扮借款人在平台中违规发布短期标,虚构中标数量,吸引贷款人进行买标,标的时间一般为7天至60天内,短时间内归集贷款人大量资金形成资金池,网贷平台将资金池内的资金用于投资或者挪作他用。

3. 网贷平台泄漏信息风险

当借贷双方提供了真实有效的身份信息,个人交易信息、真实隐私信息、实际财产状况、财产担保情况等数据都被网贷平台搜集掌握,存在一定的法律风险。目前,我国《刑法》已将泄漏公民个人信息行为入刑,网贷平台因过失违反了对公民个人信息的保密义务,使得个人信息被泄漏是不构成犯罪的,但如果是恶意泄漏多人信息或者出卖信息获利,则构成违法犯罪。我国《刑法》规定,向他人出售或者向他人提供公民个人信息情节严重的判处三年以下有期徒刑或者拘役,并处或者单处罚金。

(三)国家层面

1. 监管机关的监管界限不清

我国监管机关对网贷行为尚未实现全面监管,对于网贷平台的监管一直处于多头监督与管理状态。相关监管机关行使一定的监管权限,但不完全行使或不明确监管职责,如市场监管机关负责办理网贷平台的审批、注册及营业执照,税务机关对网贷平台的缴税进行纳税监管,电信部门对网络经营进行审批备案,等等。如果网贷平台涉嫌经济犯罪,则公安机关介入进行立案调查监管,司法机关介入对网贷平台法人进行起诉和审判监管。2015 年,中国银行业监督管理委员会(以下简称中国银监会)发布了《关于促进互联网金融健康发展的指导意见》(银发〔2015〕221 号);2016 年,国务院发布了《互联网金融风险专项整治工作实施方案》(国办发〔2016〕21 号);2016 年 8 月,中国银监会联合四部委发布了《网贷信息中介机构业务活动管理暂行办法》。中国银监会最早提出对网贷平台监管行使主导作用,根据监管权限负责辖区内非银行金融机构的市场准入、非现场监管和现场检查工作。政府的地方金融监管机构和中国银监会监管局地方金融监管处,也有网络借贷信息中介机构的备案登记及互联网金融等金融业态的市场准入工作的职责,负责协调有关部门做好互联网金融专项整治、监督管理和风险处置工作。由此可见,对 P2P 网贷平台金融行为的监管主体职责尚不明确,多头监督,职责不清。

2. 行业协会的引导制度相对弱化

互联网金融协会成立初期,按照中国银监会及多个部委的要求,建立对互联网金融的信息披露机制,根据信息披露数据的指标不遗漏及内容不冲突的基本原则,互联网金融协会每个月对网贷平台运营状况信息、公司财报信息、项目审批信息、公司管理情况等数据评估指标进行披露,特别是对会计师事务所专项审计报告信息进行及时披露,帮助投资者及时了解网贷公司的运营状况。信息披露机制属于事前保障体系,在风险还没有发生以前,通过信息披露平台以帮助投资者判断 P2P 网贷平台是否存在风险,适时规避风险或对风险进行防控。目前,多数省份已建立省级互联网金融协会,个别省份建立省互联网金融发展中心,多数地级市还没有建立互联网金融协会,金融协会特有的监管自律机制无法发挥应有的作用,也无法实现对网贷平台的运营信息、财报信息等指标信息的全覆盖监管及披露。

二、我国 P2P 网贷风险防范与治理

(一)强化监管机关的监督职能

1. 完善网贷公司的线下年检机制

定期年检制度,是帮助监管部门通过公司登记事项和变更事项来了解网贷公司经营

状况的有效手段。网贷公司虽属互联网金融公司，但银监会和当地市场监督机关都必须强化监管，应每年对公司进行线下年检，这样有利于监管部门及时掌控网贷平台的经济状况和发展规划，对存在异常的平台及时进行监管。

除了定期年检之外，针对网贷公司的特殊性，监管部门还应开展不定期抽查和随检工作。监管部门要细化线下随检内容，有针对性地检测网贷公司经营状况，包括对网贷公司资质变化、公司名称变更、是否虚报注册资本、法定代表人是否变更、资本运营状况是否良好、经营性质是否发生变化、有无抽逃或转移公司注册资金行为、公司高管人员的住址变更、手机号变更等情况进行重点随检。此外，还应对公司从业人员的业务水平进行综合性评估，对网贷公司线下经营场所或住所进行随检，了解网贷公司场地租期及是否变更租期情况。对符合检查要求的网贷公司，由监管部门出具年检合格、抽查合格的报告，并通过网络予以公示，切实发挥对网贷公司的监督管理职责。

2.建立市场准入和退市监管机制

应该尽快规范互联网金融市场准入和退出机制，完善相关制度，开启互联网监督与管理模式。一方面，提高进入金融市场的准入门槛，进一步完善网贷公司的严格审批手续，进入市场的网贷公司注册资本应提升至5000万元以上，并且在监管机构留有一定数额的担保资金，可以保障贷款人的利益不受侵害。另一方面，对不符合入市条件的公司或平台，严禁办理进入市场审批手续，对将要出现风险的问题平台，依据风险评估机制进行评估，及时清退问题平台，同时建立问题平台清退机制，降低后续风险，保护贷款人的合法权益不受侵害。

3.健全第三方金融机构介入担保模式

目前网贷担保模式有两种，即资金担保模式和保证金模式。资金担保模式（见图5-6）是第三方金融机构为贷款人提供资金担保服务，网贷平台一旦发生风险，贷款人可以从资金担保方获得本金和利息的相应补偿。资金担保模式的优势在于，贷款人能从第三方获得本金和利息赔付。保证金模式是网贷平台建立资金账户，当借贷出现逾期或违约时，平台动用资金账户里的资金来归还贷款人的资金。保证金模式实际是风险基金，平台从每笔借款成功的费用中提取基金放入保证金账户。当平台上的投资项目发生逾期时，风险基金本身会难以保证，平台很难从风险基金账户提取资金归还贷款人本金和本息。因此，保证金模式本身存在风险。

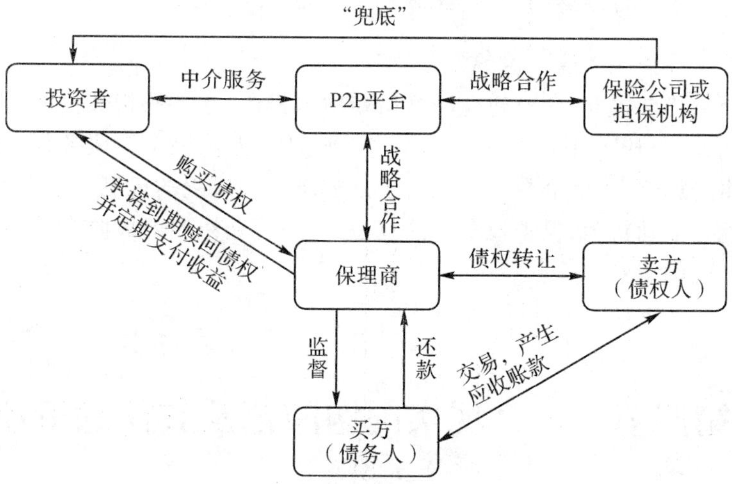

图 5-6　第三方金融机构担保模式

2017 年 12 月，P2P 网贷风险专项整治工作领导小组办公室下发《关于做好 P2P 网络借贷风险专项整治整改验收工作的通知》（网贷整治办函〔2017〕57 号，下文简称 57 号文）明确表示，风险保证金与网贷平台的信息中介定位不符，应当逐步消化、压缩风险保证金规模。因此，根据通知要求，适时引导网贷平台实现第三方资金担保模式，网贷平台一旦发生资金提取困难，贷款人能够及时取回本金，对贷款人的资金形成有效保障。

4. 规范银行对资金存管机制

银行资金存管是把贷款人出借的资金由银行监管或暂存。银行资金存管有利于实现平台与资金分离，防范网贷平台挪用资金风险。

《关于促进互联网金融健康发展的指导意见》明确指出"建立 P2P 网贷平台的第三方资金存管是立足我国互联网金融发展长远机制下，实现有效防范资金风险，确保借贷人资金安全的有效手段。"从调研数据分析，银行资金存管模式下，网贷平台的资金完全由银行保管，每个用户都有独立的资金账户，银行会记录账户的每一笔交易，掌握资金流向，每天固定时间进行交易核对。由于银行全面掌控资金去向，网贷平台不保管客户资金，监管手段强。毋庸置疑，银行主导的资金存管模式是最为严格和安全的资金存管模式，这种资金存管模式能有效地实现客户资金的安全性。因此，下一步应引导网贷平台尽快与地方银行合作，实现平台资金的银行资金存管。

（二）完善行业协会的督导职能

1. 完善互联网行业监管自律机制

应尽快建立和完善互联网金融协会的职能，同时互联网金融公司及 P2P 网贷平台公司都应加入互联网金融协会，成为协会会员。只有这样才能有效利用行业协会规定，约束协会成员共同遵守行业要求与规定原则，从而有效规避相关风险因素的产生，降低互联网金融发展过程中发生风险的指数，促进金融经济发展及提升金融服务质量，更好地满足网贷企业和个人投融者需求，拓展普惠金融的广度和深度。

2. 建立常态化网贷风险监测及披露机制

互联网金融协会成立后，要建立网络借贷预警机制，建立网贷数据舆情、政策舆情的月报或周报制度，公开实时信息，建立收集、整理、研究互联网金融服务领域的风险个案，监测可能发生的风险，向协会会员和社会公众披露相关风险的机制。这有助于规范网贷平台的市场经营活动行为，保护投资者的权益，实现行业协会的风险管控，强化对网贷企业的治理与风险的识别。

第四节　P2P 现实问题防范及其注意事项

P2P 网贷是一种技术，也是一种思想。它曾经给人们带来了观念的更新和投融资模式的改变，但现实中因为制度的不完善和人性的贪婪，P2P 被扭曲和滥用，带来了许多现实问题。对于普通大众和大学生来说，需要谨慎行事，避免误入陷阱。

一、普通大众和大学生应树立正确的理财观

(一)投资安全放第一

刚接触 P2P 行业的人，一开始只看到收益，很难辨别风险。新手投资可参照知名机构的网贷评级，挑选备选投资平台，然后再选择收益较高的平台投资，最好能多投几个平台进行分散投资。

(二)多学知识打基础

多关注金融行业的知识，多学习理财技巧。如果对网贷平台不了解，可以通过各种渠道深入了解其背景信息，还可以加入以理财知识为主题的讨论群。

(三)精选平台是保障

投资前可以先对 P2P 平台进行初步的筛选，再做进一步的精选，挑选出安全性好、收益好且有保障的 P2P 平台，也可以将自己的资金投放到不同的平台中，这样可以在一定程度上降低风险的发生。精选平台需掌握平台的正常运营时间，一般有问题的平台都是想快速捞钱，大多都撑不过半年一年，建议选那些经过时间检验的合格的平台。

(四)收益适中风险小

P2P 网贷收益并不是最高才是最好的，倘若平台年化率超过 20%，那就该多打几个问号。相对而言，年化率低的投资风险较小。

(五)用户体验促判断

网站设计的美观度和用户体验的顺畅感等指标可以从一个侧面衡量网站架构是否完善,功能设计是否人性化,公司管理是否规范。这些信息也可以作为判断网贷平台好坏与否的指标。

(六)小额试水缓步行

投资 P2P 的理念养成及方法构建,短期内是很难形成的,需要投资者不断实践,并与理论学习相结合,然后在不断尝试和交流学习中逐步形成正确的投资理念。

(七)专业风控是刚需

在国内征信体系尚不完善的环境下,P2P 平台须对借款人进行初审、面审、考察等一系列的贷前审核。通过审核的专业度可以判断风控团队的专业性。

(八)平台动态要关注

如果已选定目标 P2P 平台,那么平常应该多多关注平台的新闻动态,同时可以在搜索引擎、门户网站等多个渠道中收集与平台相关的信息,若查询到有负面信息,就不要继续投资了。

(九)平台借款应分散

网贷平台如能做到每笔借款都是小额的、分散的,那么就能在一定程度上防止因某一个借款人的逾期、坏账而导致资金链的断裂。

(十)实地考察不能少

投资新人可以找几个同城又有 P2P 考察经验的伙伴到公司进行实地考察,深入了解平台运营团队的精神风貌、管理团队的专业水平、借款业务资料是否齐备等。投资人可以参加投资人见面会,详细了解相关情况。

二、政府要加大对非法 P2P 贷款的治理力度

金融监管部门应与公安、工商、工信等多部门联动合作,严格把好监管这一关。首先,要加强对传统电商平台提供的信贷服务、金融网站和 P2P 贷款平台的全方位监管,坚决打击欺诈、违法放贷行为。其次,应该提高准入门槛,加快制定行业标准,对网络贷款平台可以经营的业务种类和范围做出详细规定,为网络贷款提供一个有序发展、良性竞争的市场环境。

三、高校要加强管控防范和应急预警处置

高校要高度重视校园网络借贷风险防范和教育引导工作,把此项工作逐渐纳入日常

的学生教育管理工作之中，不断完善工作机制，制定相关条例制度，强化监督检查，有计划、分步骤地开展教育和引导工作。通过校园网站、校园广播、海报、微博、微信公众号等多种渠道，结合主题班会、观看宣传片等形式，积极开展有关金融网络安全知识的普及与宣传，以增强学生金融、网络安全防范意识。积极引导，帮助学生树立正确的消费观念，把学生的消费观念、消费状态、消费习惯作为重要的日常教育管理内容。通过加强社会主义核心价值观的学习教育，深入开展“诚信、感恩”等主题教育活动，纠正学生超前消费、过度消费和从众消费等错误观念，教育学生不盲从、不攀比、不炫耀，引导学生养成合理消费、理性消费、适度消费的消费观念。

同时，还需建立信息畅通的预警处置机制。辅导员、学生骨干队伍要密切关注学生异常消费行为，及时发现学生在消费、网络借贷方面的苗头性、倾向性、普遍性问题，及时分析评估校园网络借贷潜在的风险。对已经发现的参与网络借贷的学生，要建立跟踪档案，及时与学生及学生家长联系，采取有效措施妥善解决问题。

四、家庭要担起大学生远离非法 P2P 的相应职责

家庭对大学生的消费观的养成有着潜移默化的影响，父母在日常生活中所表现出来的消费原则和方法在无形中会被子女效仿。因此，父母要秉持健康理性的消费观，给孩子树立良好的榜样。此外，家长作为大学生的至亲和监护人，要尽量对孩子多一些学习和生活上的关心及关注，掌握孩子学习和生活的近况，多一些对孩子在校园借贷等可能存在的隐患方面的教育和要求，担起应有的监护职责，让学生远离校园借贷。

5-6 章节小测试答案

章节小测试

1. P2P 网贷服务平台主要针对的对象不包括________。（　　）

A. 大学生

B. 个体户

C. 小微企业

D. 大型央企

2. 2015 年 1 月 20 日，银监会成立________，负责推进银行普惠金融工作，融资性担保机构、小贷、网贷的监管协调，并将 P2P 划归其管理。（　　）

A. 普惠金融部　　B. 融资担保部

C. 网贷监督会　　D. 互联网监管会

3. 根据《关于促进互联网金融健康发展的指导意见》，P2P 平台对客户资金应当采取________。（　　）

A. 直接管理　　B. 银行存管

C. 银行托管　　D. 第三方机构托管

4. 下面对于 P2P 网贷平台的发展建议不合理的是________。（　　）

A. 加强政府监管力度　　B. 取消平台担保机制

C. 建立健全信用体系　　D. 完善平台风控体系

5. 在 P2P 网贷过程中，借贷双方首先需要在 P2P 平台上注册建立账号。然后，借款人向平台提供身份凭证及________等信息提交平台审核。（　）

A. 资金用途、金额　　B. 还款方式
C. 借款时间　　D. 接受利息率幅度

6. 以下违反 P2P 行业发展要求的行为有________。（　）

A. 自行担保　　B. 非法集资
C. 设立资金池　　D. 伪造平台信息

7. 如遇 P2P 平台跑路，投资受损，投资人可以________。（　）

A. 谈判协商　　B. 民事追偿
C. 刑事报案　　D. 拉横幅、写血书

8. 下面对于防范 P2P 骗局的举措，正确的是________。（　）

A. 选择正规合法的 P2P 平台　　B. 事先了解平台的基本情况
C. 支付平台要求的“贷前消费”　　D. 关注产品的收益率，越高越好

本章习题

一、单选题

1. ________成立于 2006 年 2 月，是美国第一家 P2P 借贷平台。（　）

A. Zopa　　B. Prosper
C. Kabbage　　D. Lending Club

2. 美国成交规模最大的 P2P 平台是________。（　）

A. Zopa　　B. Seer
C. Prosper　　D. Lending Club

3. 陆金所隶属于________。（　）

A. 民营企业　　B. 政府机构
C. 平安银行旗下成员　　D. 中国平安保险股份有限公司旗下成员

4. 在我国，________作为纯平台模式的典型代表，从用户开发、信用审核、签订合同到账款追缴，都只作为单纯的中介在线上完成，保留了最原始、最经典的网络借贷平台的优点。（　）

A. 宜信　　B. 借贷宝
C. 拍拍贷　　D. 红岭创投

5. 属于“小额贷款担保模式”的 P2P 平台是________。（　）

A. 宜信　　B. 拍拍网
C. 有利网　　D. 红岭创投

6. 以下关于拍拍网的模式特点，说法错误的是________。（　）

A. 属于纯中介模式　　B. 有担保，有抵押
C. 平台收费较低　　D. 借出人承担较大的信用风险

7. 线下 P2P 借贷通常采用________，也叫“专业放款人”模式，这是我国小额信贷的一种独创形式。（　　）

A. 纯平台模式　　B. 有担保模式

C. 线上线下模式　　D. 债权转让模式

二、多选题

1. 以下哪些属于 P2P 网贷平台？________。（　　）

A. 宜人贷　　B. 人人贷

C. 温州贷　　D. 红岭创投

E 支付宝

2. P2P 网络借贷平台的主要模式有________。（　　）

A. 担保模式　　B. 纯中介模式

C. 债权转让模式　　D. “线上＋线下”模式

E. “平台＋小贷”模式

三、简答题

1. P2P 网贷有哪些风险？

2. 当代大学生应如何避免掉入 P2P 网贷陷阱？

5-7 本章习题答案

第六章　互联网众筹及其现实应用

互联网众筹是基于“互联网＋金融”的一种创新模式，是互联网金融的表现形式之一，当前在各领域都有相应的运用，在我国经济发展中的作用也开始慢慢凸显。

第一节　互联网众筹的内涵与意义

一、互联网众筹的内涵

众筹指由创业者或者创意人把自己的产品原型或创意提交到平台，发起募集资金的活动，感兴趣的人可以提供指定数目的资金，在项目完成后，投资人得到一定的回馈。众筹是指一种向大众募资，以支持发起的个人或组织的行为。互联网众筹是指通过互联网方式发布筹款项目并募集资金，一般由筹资人、投资人、平台构成。众筹非常开放，只要是网友喜欢的项目，都可以通过众筹方式获得项目启动的第一笔资金，为更多小本经营或者创作人提供了无限的可能。

二、互联网众筹的意义

众筹作为“互联网＋金融”的一种重要表现形式，区别于过去的直接和间接融资模式，降低了融资的门槛，开创了一种新的营销渠道，一定程度上促进了资金的优化配置，在不断发展与完善中开始逐渐成为新的金融市场力量。

互联网众筹不管是对筹资人、投资人，还是对平台，都具有一定的意义和价值。对筹资人而言，互联网众筹帮助他们获得了项目融资，降低其资金成本，帮助他们实现梦想。每个阶层的人都有自己的梦想，但是实现起来就比较困难，众筹的出现，恰恰为普通人提供了一个实现梦想的机会。对投资人而言，投资范围不再受到限制，并且可以根据自己对项目的判断，成为早期股东。对平台而言，则可获取项目的成交费用，而且可以根据平台客户的需求，收取提供证实融资过程、监督项目执行、提供融资建议等服务的费用。

6-1 互联网众筹

第二节 互联网众筹的特征及类型

一、互联网众筹的特征

互联网众筹的特征主要有以下几个(见图 6-1)。

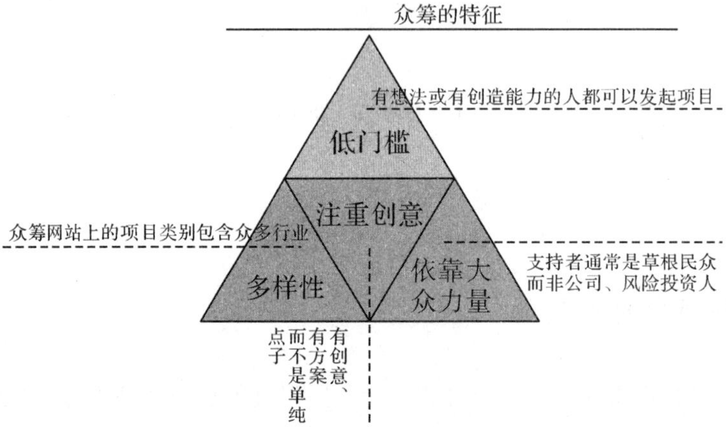

图 6-1 互联网众筹的特征

(一)低门槛

人人都是投资者。互联网投资广,所以大众都是天使投资人。

(二)多样性

众筹的项目内容多样,没有限制,包括影视娱乐、社会健康、医疗健康等各方面。众筹项目的回报多样,对于众筹投资者而言,可以获得除资金回报之外的企业股权、实物产品、文化演出、影视作品等。众筹回报的多样性能够满足各类投资者的不同需求。

(三)依靠大众力量

支持者通常是普通的草根民众,而非公司、企业或是风险投资人。众筹,不是一个人的游戏。

(四)注重创意

众筹门槛较低,但对项目创意要求较高,对发起人的学历、工作不做要求,展示创意就可发起众筹,但发起人必须将自己的创意达到可展示的程度,才能通过平台的审核。

互联网众筹和P2P相比较，互联网众筹是一种股权融资，而P2P是一种债权融资，债权融资可以追偿，而股权则不能追偿；众筹参与的人数较多，而P2P参与的人数相对比较有限，有时甚至是一对一借贷；P2P大多用于个人消费贷款和企业的经营贷款，而众筹的对象一般是企业或个人，而且是处于初始期的企业或创业初期的个人。[①]

二、互联网众筹的主要类型

(一)公益性众筹

公益性众筹是一种非营利的众筹服务模式，通过捐助的形式帮助有需要的人，为受捐助人提供一定的援助。出资者乐意看到其资助的公益类项目获得成功而不求回报，如帮助一些癌症病人、孤寡老人、山区孩子等，即“我给你钱，你什么都不用给我”。国内的募捐型众筹平台主要有微公益、水滴筹等。

(二)股权型众筹

这种众筹模式不仅仅适用于普通的创业公司，还适合一些成熟的企业用于募集资金。股权投资一般风险较大，回报周期较长，即“我给你钱，你给我公司股份”。目前国内做得比较大的平台有第五创、聚募网、众筹客、人人创等。

6-2 知识小测试

(三)产品众筹

筹集人会通过回报来感谢投资者的帮助，一般会承诺给投资者产品或者其他福利，即“我给你钱，你给我产品或服务”。现在国内的产品众筹主要有京东众筹、淘宝众筹等。

(四)借贷型众筹

借贷型众筹的意思就是筹资者通过利息回报的方式来募集资金，一些P2P平台本质上就是借贷型众筹或者债务型众筹，即“我给你钱，你之后还我本金和利息”。目前国内做得比较大的借贷型众筹平台有拍拍贷、人人贷等。

三、互联网众筹的基本规则

(1)筹资项目必须在发起人预设的时间内达到或超过目标金额才算成功。

(2)在设定天数内，达到或者超过目标金额，项目即成功，发起人可获得资金；筹资项目完成后，支持者将得到发起人预先承诺的回报，回报方式可以是实物，也可以是服务；如果项目筹资失败，那么已获资金全部退还支持者。

(3)互联网众筹不是捐款，支持者的所有支持需要设有相应的回报。

① 管清友，高伟刚．互联网金融：概念、要素与生态[M]．杭州：浙江大学出版社，2015：272.

第三节　互联网众筹的发展

一、互联网众筹在我国的发展分析

2011年，中国第一家互联网众筹平台“点名时间”上线标志着我国现代互联网众筹模式的开启，同时也表明线上众筹进入了发展的快车道。互联网众筹自进入我国以来，在国内市场得到了广泛的认可和接受。准入门槛低再加上政策的良好，从2013年开始，众筹平台大量涌现，呈现出爆发式的高速发展。截至2020年1月底，我国处于运营状态的众筹平台共有66家。

二、互联网众筹的主要问题及其克服

互联网众筹作为新生事物出现也是近年之事，存在诸多问题，这些问题主要表现在：

(1)众筹融资规模较小，项目完成率较低。

(2)有关众筹方面的立法滞后，没有从法律层面确定其合法性。目前我国法律体系之中针对众筹模式的法律条例尚不完善，网站对发起人的约束能力也较差，不能保障投资者的权益，投资人在维权时也会面临举证困难等问题。

(3)在互联网上进行众筹融资，容易使融资人的新创意被他人盗用；知识产权易受侵犯。一些创业者将未发布的产品放在互联网众筹平台上曝光以吸引投资者，在对知识产权保护不力的环境下，项目发起人的知识产权容易遭受侵犯。

6-3 知识小测试

(4)征信体系与诚信环境缺失。比如水滴筹就曾被媒体曝光指派“筹款顾问”在医院“扫楼”引导患者发起众筹。据报道，只要患者在水滴筹员工的引导下发起众筹，其员工就能拿到高额提成，且众筹内容审核不严，存在夸大现象。网民一次次怀疑：我们的钱到底是不是真正给了那些需要帮助的人呢？说到底，众筹目前还存在一定的信任危机。

6-4 知识小测试

为了促进互联网众筹更好的发展，首先需要健全相关立法。美国是众筹融资发展和运用较好的国家，2012年美国通过JOBS法案，第一个认可股权制众筹的合法性，促进了众筹融资的发展。该法案要求众筹平台需先向SEC注册成为融资平台或证券交易商，按规定进行信息披露，每年通过众筹融资平台募集的总额不超过100万美元等。借鉴国际经验，我国应加强在众筹方面的立法，使众筹融资在法律层面合法化、规范化。其次，需要完善信息披露制度。提升众筹项目的公开性，能够增加大众对众筹项目的了解度，进而提升对众筹项目的参与热情度。再次，需要加强对众筹平台的统一管理，并充分发挥其监管作用。众筹平台要担负起相应的责任，欲戴王冠必承其重，严谨、公开、透明的信息公布是首要前提。对众筹项目的资金募集过程的监管力度要不断提升，同时强化对众筹项目发起资格的审批。对项目发起人是否履行责任进行定期和不定期的监管。最后，需要逐步建立众筹行业协会，加强行业自律。

本章习题

6-5 本章习题答案

一、单项选择题

1. 下列________不是众筹的组成部分。 (   )

A. 发起人　　B. 借款人

C. 众筹平台　　D. 支持者

2. 股权众筹投资者应进行________。 (   )

A. 股权投资　　B. 适度投资

C. 小额投资　　D. 大额投资

3. 以下不属于股权众筹特征的是________。 (   )

A. 流动性差　　B. 高风险

C. 回报周期长　　D. 高门槛

4. 众筹模式不包括________。 (   )

A. 凭证制众筹　　B. 股权制众筹

C. 募捐制众筹　　D. 债权制众筹

二、判断题

1. P2P 网络借贷、众筹融资都有可能存在资金池风险。 (   )

2. 股权众筹筹资者组织的不同会导致股权的权益份额的差别。 (   )

3. 众筹股权是适用于初创企业的小额融资模式。 (   )

4. 众筹网站属于股权众筹。 (   )

5. 根据众筹融资的普遍性规则，若融资额未达到预定目标则视为失败，资金将返还投资者。 (   )

三、案例分析题

材料 1：深圳的创业者乔峤想要做一款智能耳机。他发现，60％的人都会在跑步过程中听歌，并用手机 App 记录运动数据。如果有一款产品能同时满足跑步人群运动数据记录和听歌的需求，又能通过音乐来实现运动激励，会有很好的市场前景。乔峤对记者说，他想针对每个人的身体特征，设计和提供有效的音乐服务产品，做到每一个硬件设备都是针对个人定制的。可是，光有好点子还不行，初始创业的乔峤面临既缺资金、又缺人才的尴尬，他尝试着用股权众筹的方式来实现自己的创业梦想。在众筹网上，他发布了自己的股权众筹商业计划书，以出让公司 10％股份的方式，融资 187 万元，最低投资额 1 万元。最终，这个项目吸引了 16 名投资者参与。乔峤告诉记者，这些投资者为他带来了互联网、音乐、体育领域的强大资源，其中，几个志同道合的投资人干脆直接加入了创业团队。

材料 2：在北京大学东门外一处不起眼的楼里，有一个“一八九八咖啡馆”。它成立于

2013 年 10 月，看起来很简朴，但每天都在吸引着大批“咖粉”流连忘返，且不少是业界大佬。它究竟有何魅力？董事长杨勇认为：在传统的创业中，第一步要找投资人，这就很难，能拿到钱更不容易。第二步，找完投资人之后，要把产品卖出去，也挺难的，所以每步都是一个坎。众筹就把这个模式改变了，每个人都是投资人，每个人都是消费者，每个人也是传播者，这种方式的改变，你就发现，做公司容易了。所以某种意义上消费者就是投资者和生产者。杨勇说：“传统的创业特别辛苦，就是因为你老要求人。现在众筹是什么呢？你缺什么就让谁来当股东，你把你未来要求的人全部变成股东了。200 人聚在一起就有很大的能量。”实际上，它真正的意义在后面的裂变，每一个项目做完之后，会带出一堆项目，原因就是通过众筹找了 200 个非常靠谱的人，这些人会有非常多的合作机会，所以基本上一个项目出来会带一堆项目。“一八九八咖啡馆”实现众筹之后，项目太多了，非常容易谈成生意，所以这个裂变的过程，力量会特别巨大。浏览股东花名册，200 位发起人涵盖了北京大学近 30 年来不同届别、不同院系、不同专业的毕业生，皆为各领域中的知名人士、企业家、高层管理者。而创新是怎么来的？创新就是因为大家能够很轻松地做自己的事情了，就会主动去创新，而每天为了生存去创业的时候，你就不可能去创新。

材料 3：“如果你真的想做一件事，全世界都会帮助你”，时下正风靡的众筹让这句话以更直接的方式照进现实。2014 年初，在华南理工大学就读的刘永杰和 3 个小伙伴萌生了开一间咖啡馆的创业想法。这时，众筹模式走入了他们的视野，众筹咖啡馆“比逗 BEPOATO”的计划也就被提上了日程。为了考察众筹在校园的可行性，2014 年 4 月，创业团队在华工和华农的校园里发放了 300 份以上的问卷调查，高达 70%的参与众筹意愿给了团队正式启动的信心。随后，他们以这两所学校的学生为目标群体进行股东招募。他们的众筹计划是：众筹股东每股 1000 元，每位最少需出资 1000 元，最多 5000 元，享有 1 至 5 股的分红权。经过一个多月的招募，他们共有 170 多位众筹股东和 70 多万元的启动资金。筹得了资金后，下一步就是选址。经过一段时间的考察，他们在五山地铁站附近租了一间临街的铺位。170 多位众筹股东都竭力宣传这间咖啡馆，不仅自己来消费，也拉朋友来消费，开业两个月以来，咖啡馆的生意越来越好。在咖啡馆最显眼的地方，整面墙挂满了印有比逗标识的马克杯，仔细一看，这些马克杯上都刻着名字和编号。咖啡馆建立了自己的董事会，由核心运营团队、校园股东、社会股东等构成，虽然每个众筹股东都拥有建议权，但最终的决策权是在专业的核心运营团队手中。“尽管有摩擦，但大家都奉行‘专业的事给专业的人做’的原则，合作很顺利。”刘永杰说。为解决学生股东“毕业”带来的流动问题，“比逗 BEPOTATO”设置了学生股东毕业的股权流转计划。对于第一批学生股东，两年之后按贡献度排名，挑选一部分成为永久股东，其余在毕业时需将股份流转给附近高校在校生。对于之后加入的股东，均需要在毕业时将股份流转给合适的在校大学生。利用校园优势，比逗将咖啡馆主题定位为“创业交流”。除了承接许多校园社团活动以外，他们还承办广东天使会等线下交流活动。通过举办类似的创业交流活动，店铺获得了更多的创业资源，一些更富有经验的专业团队还能够给予他们诸如薪酬制度设计的指导。一些兴趣小组也自发找到了比逗，如锤子科技、海星会、微博读书会等等，都在比逗举办了线下活动。比逗还在进行面向所有众筹股东的 App 研发，主要目的是加强股东之间的交流，提高股东活跃度等。王海举例说，可以将股东对店铺的贡献设置成一个一个的任务。例如，来店消费或发布一篇推介文章就能获得“1个经验值”，带朋友来消费就能够获得更多的经验值。通过完成这样的任务，股东可以获得一定的奖励积分，同时也可以更直观地看到每个股东对咖啡馆的贡献值。今后的分红、股权流转等也就有据可依。

根据以上给定的3则材料，概括众筹的特点。

第七章 互联网货币(比特币)的辩证把握

随着互联网的高度发展,互联网货币作为其衍生物也对应出现。互联网货币,又称为虚拟货币、数字货币或者电子货币,与我们现实中使用的货币全然不同。这类货币没有实体,是以虚拟形态存在的。在“互联网社会形态”里,人们根据自己的需求成立或者参与社区,同一社区成员基于同种需求形成共同的信用价值观,互联网货币就是在此基础上形成的新型货币形态,从此以新生事物的姿态进入大众视野,带来了新的货币时代。典型的互联网货币形态有比特币、Q 币、亚马逊币、FACEBOOK 币等。本章以比特币为例来认识和把握互联网货币。

7-1 走进互联网货币

第一节 比特币的产生机制及其特点

一、比特币的产生

比特币,最早是一种网络虚拟货币,可以购买现实生活中的物品。它的特点是分散化、匿名,只能在数字世界使用,不属于任何国家和金融机构,并且不受地域的限制,可以在世界上的任何地方兑换它,也因此被部分不法分子当作洗钱工具。比特币的产生要从 2008 年爆发的全球金融危机说起。2008 年 11 月 1 日,一个自称中本聪的人在 P2P Foundation 网站上发布了比特币白皮书《比特币:一种点对点的电子现金系统》,陈述了他对电子货币的新设想——比特币就此面世。

7-2 比特币(PPT)

比特币的产生原理是什么呢?比特币的本质其实就是一堆复杂算法所生成的特解。特解是指方程组所能得到无限个(其实比特币是有限个)解中的一组。而每一个特解都能解开方程并且是唯一的。以人民币来比喻的话,比特币就是人民币的序列号,你知道了某张钞票上的序列号,你就拥有了这张钞票。而挖矿的过程就是通过庞大的计算量不断地去寻求这个方程组的特解,这个方程组被设计成了只有 2100 万个特解,所以比特币的上限就是2100万。要挖掘比特币可以下载专用的比特币运算工具，然后注册各种合作网站，把注册来的用户名和密码填入计算程序中，再点击运算就正式开始。完成Bitcoin客户端安装后，可以直接获得一个Bitcoin地址，当别人付钱的时候，只需要自己把地址贴给别人，就能通过同样的客户端进行付款。在安装好比特币客户端后，它将会分配一个私有密钥和一个公开密钥。比特币拥有者需要备份其包含私有密钥的钱包数据，才能保证财产不丢失。如果不幸完全格式化硬盘，个人的比特币将会完全丢失。

2021年，比特币价格大涨，从2009年初的5美分涨到2021年2月的50000多美元，公众对比特币的关注度越来越高，比特币也引起专家学者和大众的讨论。是非争议的探讨主要集中于：比特币是不是真正的货币？比特币会不会是新时代的荷兰郁金香？比特币背后是否有相关阴谋？比特币的崛起是否是高智商人群对大众的掠夺？政府和公众应如何对待比特币？

二、比特币的特点与优缺点

(一)比特币的特点

比特币是世界上第一种数字加密货币。它由计算机程序产生，在互联网上发行和流通。比特币最大的特点和创新是构建了一个不依赖于现有银行体系的分布式电子支付系统。①

1. 去中心化

去中心化指比特币是一种分布式的虚拟货币，整个网络由用户构成，没有特定国家发行，没有中央银行。去中心化是比特币安全与自由的保证。

2. 全世界流通

全世界流通指比特币可以在任意一台接入互联网的电脑上管理。不管身处何方，任何人都可以挖掘、购买、出售或收取比特币。

3. 专属所有权

专属所有权指操控比特币需要私钥，它可以被隔离保存在任何存储介质。除了用户自己之外无人可以获取。

4. 低交易费用、无隐藏成本与跨平台挖掘

低交易费用指可以免费汇出比特币，但最终对每笔交易将收取约1比特分的交易费以确保交易更快执行。无隐藏成本指作为由A到B的支付手段，比特币没有烦琐的额度与手续限制。知道对方比特币地址就可以进行支付。跨平台挖掘指用户可以在众多平台上发掘不同硬件的计算能力。

7-3 知识小测试

① 谢平，邹传伟，刘海二.互联网金融手册[M].北京：中国人民大学出版社，2014：108.

(二)比特币的优缺点

1.比特币优点

比特币有其自身优点,如完全去中心化,没有发行机构,也就不可能操纵发行数量。其发行与流通,是通过开源的P2P算法实现,无国界和跨境之说。跨国汇款,会经过层层外汇管制机构,而且交易记录会被多方记录在案。但如果用比特币交易,直接输入数字地址,点一下鼠标,等待P2P网络确认交易后,大量资金就过去了。比特币不经过任何管控机构,也不会留下任何跨境交易记录。由于比特币算法是完全开源的,所以谁都可以下载到源码,修改些参数,重新编译下,就能创造一种新的P2P货币。但这些山寨货币很脆弱,极易遭到51%攻击。任何个人或组织,只要控制一种P2P货币网络51%的运算能力,就可以随意操纵交易、币值,这会对P2P货币构成毁灭性打击。很多山寨币,就是死在了这一环节上。因此,山寨者难于生存。而比特币网络已经足够健壮,想要控制比特币网络51%的运算力,所需要的cpu/gpu数量将是一个天文数字。

2.比特币的缺点

同样比特币也存在缺点。第一,交易平台有脆弱性。比特币网络很健壮,但比特币交易平台很脆弱。交易平台通常是一个网站,而网站会遭到黑客攻击,或者遭到主管部门的关闭。第二,交易确认时间长。比特币钱包初次安装时,会消耗大量时间下载历史交易数据块。而比特币交易时,为了确认数据准确性,会消耗一些时间,与P2P网络进行交互,得到全网确认后,交易才算完成。第三,价格波动极大。由于大量炒家介入,导致比特币兑换现金的价格如过山车一般起伏。这使得比特币更适合投机,而不是匿名交易。第四,发展具有不确定性。大众对比特币的原理不理解,传统金融从业人员也抵制比特币。虽然活跃网民了解P2P网络的原理,知道比特币无法人为操纵和控制,但大众并不理解,很多人甚至无法分清比特币和Q币的区别。"没有发行者"是比特币的优点,但在传统金融从业人员看来,"没有发行者"的货币毫无价值。因此,谈及比特币的未来发展,其固有缺点就决定了比特币发展的不确定性。

第二节　比特币的风险识别及现实把握

一、比特币的风险识别

任何一种投资理财产品都会存在风险,当人们进行投资时,需要考虑其风险因素,才能有的放矢,避免盲目。比特币同样存在较高风险,它的风险主要有三个方面。

(一)价格波动的风险

价格波动风险也叫市场风险，是指由于市场价格波动给投资带来的损失。比特币投机性强、安全性低、价格波动大，被人称为“世界最危险货币”。中央财经大学金融法研究所所长黄震指出，货币应该作为一般等价物用于交易，但是目前比特币已经成为投资品，很多人购买就是为了囤着对赌上涨，比特币没有太多的实用价值。黄震表示，比特币的原理跟传统货币的原理不一样，最终是不是能够颠覆传统货币，取决于有多少人相信比特币。在他看来，目前比特币更像是纸黄金，而不是一种严格意义上的货币。

人们通过生产或是购买等手段获得比特币，唯一的目的就是等它升值到合适的时机再转手卖出，如同认沽权证的游戏，所以比特币的价格经常大幅波动。由于比特币没有涨跌停板的限制，这使得比特币的投资风险是没有底线的。许多金融业内人士认为，比特币正在上演一场当代版的“郁金香泡沫”，如果追究其背后的上涨逻辑，比特币始终难逃“世界最危险货币”的印象。美国达拉斯联邦储备银行高级经济学家兼政策顾问王健就曾经指出：“比特币唯一用途是充当交换媒介的支付工具。如果一个支付工具的价格几个月内涨十几倍，是好事还是坏事呢？如果一个货币价格这么不稳定，它真的可能成为广泛接受的支付工具么？”

(二)政策和法律风险

政策和法律风险是指政府有关证券市场的政策发生重大变化或是有重要的举措、法规出台，引起证券市场的波动，从而给投资者带来不确定的风险。目前比特币已经渐渐进入支付领域，例如，可以用比特币购买淘宝网的一些商品，有的房地产商宣称客户可以用比特币购房，欧洲街头也开始出现可兑换比特币的 ATM 机。2014 年 1 月，Overstock 开始接受比特币，成为首家接受比特币的大型网络零售商。近期特斯拉公司也大力支持比特币，2021 年 2 月，马斯克拿出 15 亿美元购买比特币，特斯拉公司甚至有未来可以用比特币购买特斯拉汽车的计划。

尽管比特币有其自身的使用场景，但是其政策和法律风险还是比较大的。各国政府对待比特币的态度和政策也有显著差异。鉴于比特币的交易骗局、病毒入侵、虚假交易等交易乱象，中国的相关法律对比特币在中国的发展进行了监管和限制。

(三)操作风险

7-4 知识小测试

操作风险是指由设计不当的控制体系、控制系统失灵及不可控事件导致的各类风险。比特币交易平台的安全性是投资者需要考虑的风险。由于交易量暴增，很多投资者反映交易平台页面很卡，也有投资者指出充值之后迟迟未能到账。有记者了解到，这些问题的出现会降低投资者对比特币交易的信任度，有的投资者因此直接退出投资者行列。除了无法提现以外，平台的安全性也让投资者感到不安。早在 2020 年，比特币交易平台 Bitcoinica 就被劫走价值 23 万美元的比特币。2020 年 9 月，Bitfloor 平台也宣布被黑客“抢”走价值 25 万美元的比特币。到了 2020 年 11 月，捷克平台 Bitcash. cz 宣布黑客盗走了用户存储在平台的比特币,数量不明。这些事件表明,比特币的储存和交易的风险或许会比传统货币大,这也说明比特币的操作风险较大。

二、比特币的现实辩证把握

以比特币为代表的互联网货币是互联网时代出现的新生事物,对当代大学生而言,需要理性辩证地看待。

(一)密切观察,前瞻思考

包括比特币在内的互联网货币作为新生事物慢慢进入大众视野,走进大众生活,受到的关注度也越来越高。作为当代大学生,不能对这些新生事物视而不见。"比特币是电子网络在金融领域应运而生的一个新生事物并迅速发展,尽管它存在这样那样的问题,但比特币为未来金融业的发展提出了全新的思维理念,由此展现的技术观念足以颠覆某些传统的金融运行模式。"[①]我们不能盲目崇拜,也不能一概否定,需要密切观察并进行前瞻性思考。例如,货币发展的内在规律是什么?一种东西能否成为货币最关键的特质是什么?货币发展和技术进步之间是什么关系?未来有没有可能货币非国家化?

(二)不盲目跟风,不炒作

当前,比特币在虚拟空间中的特定社群内可以购买商品和服务,但虚拟货币不是货币当局发行的,不具有法偿性和强制性等货币属性。目前,比特币并不是真正意义上的货币,不具有与货币等同的法律地位,不能且不应作为货币在市场上流通使用,公民投资和交易比特币也不受法律保护。作为当代大学生,我们应当理性对待比特币,不能见其价格上涨就认为有投资价值,不能盲目跟风,更不能投机炒作。

7-5 比特币(视频)

本章习题

一、单选题

1. 比特币的发明者是________。（　　）

A. 本中聪　　B. VitalikButerin

C. 中本聪　　D. Bytemaster

2. 下面哪一项不是比特币和Q币的相同点?________。（　　）

A. 交换现实货币　　B. 支付手段没有烦琐的额度与手续限制

C. 不用纳税　　D. 没有数量限制

① 李天阳.一本书读懂互联网金融[M].北京:北方文艺出版社,2016:147.

3. 根据比特币创始人的白皮书所述，比特币是由________构成的。 （ ）

A. 像素　　B. 互联网

C. 区块链　　D. 数字签名

4. 比特币总发行量有________。 （ ）

A. 2100 万个　　B. 1100 万个

C. 4200 万个　　D. 1050 万个

5. 比特币挖矿的核心是________。 （ ）

A. 矿山　　B. 算率

C. 电脑　　D. 挖掘机

6. 在比特币中，区块链是________。 （ ）

A. 拥有比特币的公司的合称　　B. 承载比特币的软件

C. 用比特币打造的金项链　　D. 记录所有比特币交易的时间戳账簿

二、判断题

1. 比特币是一种分布式的虚拟货币，整个网络由用户构成，没有中央银行。 （ ）

2. 操控比特币需要私钥，它可以被隔离保存在任何存储介质。 （ ）

3. 每笔交易都会收取约 1 个比特币的交易费以确保交易更快执行。 （ ）

4. 知道对方比特币地址就可以进行支付。 （ ）

5. 用户不能实现在众多平台上发掘不同硬件的计算能力。 （ ）

6. 比特币完全依赖 O2O 网络，无发行中心，所以外部无法关闭它。 （ ）

7. 比特币算法是完全开源的，谁都可以下载到源码，修改些参数，重新编译下，就能创造一种新的数字货币。 （ ）

8. 比特币网络很健壮，但比特币交易平台很脆弱。 （ ）

9. 先有区块链，后有比特币。 （ ）

10. 比特币是类似电子邮件的电子现金，交易双方需要类似电子邮箱的“比特币钱包”和类似电邮地址的“比特币地址”。 （ ）

三、简述题

1. 简述比特币的产生原理。

2. 简述比特币与区块链的关系。

7-6 本章习题答案

第八章　互联网征信及生活应用

互联网时代，个人的网络征信信息是其网络业务的重要通行证。信用体系的重构将会彻底改变我们的生活，一个真正以信用为基石的时代正在向我们走来。

第一节　互联网征信的内涵、特征、产生、发展与作用

一、互联网征信的内涵与特征

(一)互联网征信的内涵

互联网征信狭义上是指采集个人或企业在互联网交易或使用互联网服务中留下的行为数据，并利用大数据、云计算等技术进行信息评估的活动。广义的互联网征信还包括采集个人或企业使用互联网金融服务所留下的信贷等数据，以及通过线下渠道采集公共信息等数据，并进行信用评估的活动。

(二)互联网征信的特征

互联网征信是一种高效、多维度、实时性大数据风控模式，和传统央行征信相比，具有以下特征。

1. 数据来源的互联网化

互联网经济离不开互联网金融，而互联网金融中的各种业态都需要用到征信。互联网金融的出现，不仅改变了传统金融业务的实现形式与发展轨迹，也改变了传统征信活动的覆盖范围与应用领域，互联网征信的数据几乎都是来自互联网交易或行为。

2. 数据来源的多维化

由于互联网征信的数据源获取渠道是互联网化的，因而使互联网征信从传统的单一维度的“小数据”信用判断，发展为互联网基础上的多维度实时性大数据的信用判断。它具有数据维度足够丰富、数据量足够大、样本数足够多、反应速度足够快的特点。比如，

对经销商的信用风险判断，从单纯依赖于自身的交易记录，发展到综合评估能够取得的多方面征信数据。

以蚂蚁集团的芝麻信用为例。“芝麻信用”通过分析大量的网络交易及行为数据，可对用户进行信用评估，这些信用评估可以帮助互联网金融企业对用户的还款意愿及还款能力做出结论，继而为用户提供快速授信及现金分期服务。芝麻信用分由五个维度构成，即用户信用历史、行为偏好、履约能力、身份特质、人脉关系五个维度，如图 8-1 所示。

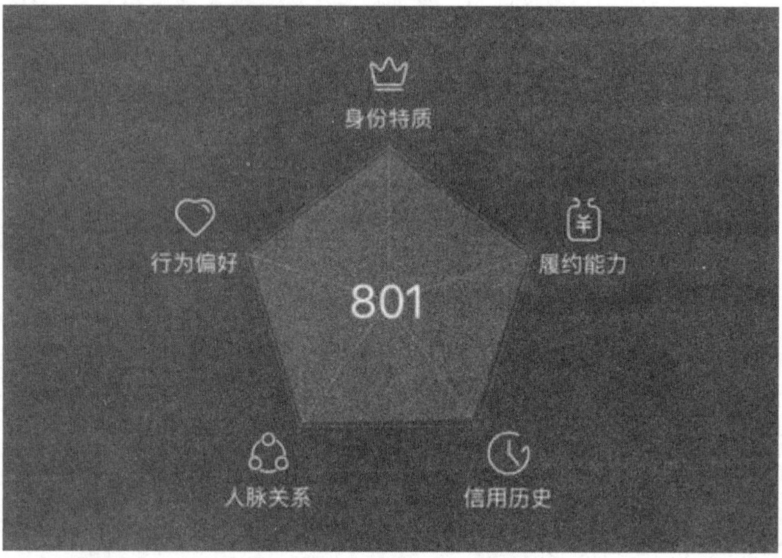

图 8-1 芝麻信用分的构成维度

(三)征信成果应用的多元化

8-1 知识小测试

互联网征信除了应用于网络借贷、网络消费等场景外，还有许许多多其他线上线下的应用。比如，“芝麻信用”已与租车、租房、婚恋、签证等多个领域的合作伙伴谈定了合作。当用户的芝麻分达到一定数值，租车、住酒店时将有望不用再交押金，网购时可以先试后买，办理签证时不用再办存款证明，等等。当该分值达到 750 分以上时，用户可以申请到申根签证，并能在卢森堡、芬兰、法国、德国和意大利等 26 个申根国家通行。

二、互联网征信的产生与发展

现代经济是信用经济，健康的征信体系是支撑社会经济繁荣发展的重要基础设施。伴随互联网技术的快速发展，个体与个体、个体与组织、组织与组织间的联结度变密、交互性变强，特别是电商供应链金融、网络贷款、第三方支付的兴起，使社会对互联网征信的需求变得日益强烈。

近年来，互联网的高速发展亦给征信业带来了较大的挑战。互联网将大多数个人相互连接了起来，在以 B2B 为主要业务形式的同时，也出现了大量 B2C 业务和 C2C 业务。原有针对企业的征信数据已不能满足社会征信需求，个人征信业务在征信中所占比重变得比以往更高。

对中国而言，长期以来形成的征信体系是以企业为核心的征信系统，个人征信都是基于银行业金融机构的个人金融交易行为来确定的。但在互联网社会中，很多互联网机构以支付为入口，承担了大量的类金融业务，这些类金融交易行为游离在传统的征信体系之外，让很多信息无法进入征信系统，从而让征信的评估出现了这样或者那样的问题。近年，随着一些互联网平台的介入，我国个人征信业的发展逐渐呈现出了征信产业参与者众多、征信数据杂乱、数据孤岛现象较为严重的特征。因此，为了解决这些突出问题，国家开始整合各大数据主体的数据资源，引导个人征信走向规范化发展道路。

作为一种新的征信业态，互联网征信因为现实需求开始不断地发展，这种发展既有外部环境的因素，也有内在的发展动力。

(1)征信监管环境不断完善，为征信市场发展注入动力。2013 年 3 月《征信业管理条例》的实施，使征信行业步入了有法可依的轨道。2013 年 12 月施行的《征信机构管理办法》则详细规定了设立企业征信机构和个人征信机构的准入门槛，为互联网金融企业和征信机构的发展奠定了制度基础。

(2)互联网征信活动日渐频繁。首先，电商平台对用户的网上交易行为数据进行采集、整理、保存、加工，再经过深度挖掘、评估，形成对客户的风险评价。2010 年阿里巴巴成立小额贷款公司，至 2014 年 2 月，阿里小贷累计发放 1700 亿元贷款；2012 年，京东商城与银行合作，向合作伙伴提供基于交易数据的贷款。其次，P2P 网贷企业自行建设征信数据库。像拍拍贷、人人贷、信而富等企业都建立了自己的征信体系。最后，专业的征信机构受互联网金融大潮推动，开展相关的互联网征信活动。

(3)互联网征信应用领域已超越传统金融领域的征信范畴。互联网征信能够在很多应用领域中发挥作用，并逐步实现社会联结和交易成本的降低。例如，基于实名的消费行为、支付习惯、履约记录、社保公积金缴纳、动产及不动产信息、行为偏好、人脉关系等大数据，支付宝客户端的芝麻信用服务给出芝麻信用评分。

(4)现实中信息碎片化，信息安全建设与风险防控不足，急需征信体系的建设。征信是信用体系的基础。信用体系是开放的、社会化的。只有信用体系渗透到社会的每个角落，它才能发挥最大价值，形成社会效益。

(5)互联网金融的兴起与发展倒逼征信行业的发展。互联网金融催生征信市场的结构发生改变，一方面拥有大数据平台的互联网企业在其互联网业务中积累了大量信用信息及使用用户，有发展为征信机构的趋势。另一方面，互联网普通类放款机构在业务发展中对信用信息的依赖度越来越高，成为区别于传统银行机构的较大规模信息使用者。而传统银行业信贷业务的信用分析无法覆盖互联网金融，无法为互联网借贷业务提供规范的信用服务，催生了传统信用报告以外的信用评价方式，倒逼征信行业市场化。

三、互联网征信作用

由于互联网征信获取的主要是用户在线行为数据，能更多地反映用户性格、心理等更加本质的信息，因而相较之于传统征信数据，其信用评价更趋于对人本性的判断，生活化、日常化应用度更高，应用范围广，整体上有助于整个社会交易成本的下降。具体来说，有如下作用。

（一）降低互联网金融的系统性风险

当前，征信系统中对于互联网金融的信息收集不足，导致了互联网金融行业存在着多头借贷、借贷诈骗等现象。一方面，信息数据不全面，导致了金融风险的产生；另一方面，各个机构数据孤岛现象严重，机构之间壁垒森严，数据共享成为一道不可逾越的鸿沟。所以需要有统一的征信机构能将原先散落在各个机构之间的互联网金融信息、网络借贷信息、消费金融信息、社交信息、用户行为信息整合起来，解决信息孤岛问题，缓解信息分割所带来的不利影响，从而降低潜在的系统性风险。

（二）提升传统金融机构的风险控制水平

互联网征信通过数据收集，将征集到传统金融机构难以收集到的互联网数据，诸如在线水电煤缴费情况、在线消费金融服务等，通过互联网账户确定数据的完整性，从而让个人征信数据逐渐完善。以后，商业银行的金融业务开展，或将不仅仅依托于央行的征信系统，更可以通过互联网征信的个人征信系统，从而让个人的大数据画像更加清晰可靠，有助于商业银行进一步控制业务风险，对推动商业银行的互联网和移动互联网等创新业务的发展有着更好的促进作用。

（三）有效降低互联网金融企业成本

在互联网征信未出现之时，互联网金融企业都需要投入相当大的成本进行数据基础设施建设，构建自身的大数据底层仓库，从而对互联网金融企业造成了较大的负担和成本压力。互联网征信形成之后，将会让个人的征信数据在机构之间实现共享，互联网金融企业不再需要投入巨大的人力、物力进行基础数据建设，只需要在统一征信数据库的基础上，结合自身的原有数据资源，就能够形成较为完善的大数据风控体系。互联网征信在提高数据的完整度和可靠性的同时，亦能大大降低互联网金融企业成本，有助于互联网金融企业集中资源投入自身产品的研发和风控体系建设，真正促使互联网金融机构实现普惠金融，提升互联网金融企业业务的深度与广度，进而完善互联网金融企业建设。

总之，构建以互联网为基础的征信体系，可以有效地降低社会联结与交易的成本，并从制度上约束个体行为，形成崇尚诚信的良好氛围，使信用不良者处处受限、寸步难行、利益受损，进而提高社会经济效率。

8-2 知识小测试

第二节　当前我国互联网征信的主流机构及其征信机制

专业征信机构是互联网征信领域的重要力量，在互联网征信方面具有得天独厚的优势。大型电子商务和互联网企业可依赖其主营业务发展互联网征信，采集的信息多以网络交易信息为主。新兴的互联网企业主要借助大数据等新技术手段从事信用评分、建立声誉机制等征信活动。美国 Movenbank 移动银行、德国 Kreditech 贷款评分公司、中国香港 Lenddo 网络贷款公司及 ConnectMe 等新型中介机构试图设计打造能反映大数据时代互联网征信平台，通过说服 eBay、Linkedln、Facebook 或其他社交网络开放资料，结合用户在各网站的活动纪录，通过自行开发的软件、算法等，分析同事、好友资讯，建立归纳与收集信用资料的标准化格式，作为客户获得信用评分的重要依据，将社交网络资料转化成个人互联网信用。在我国，当前从事互联网征信，特别是互联网个人征信，主要是支付宝旗下的芝麻信用和腾讯旗下的腾讯征信。

8-3 知识小测试

一、我国互联网征信的主要机构及征信机制

(一)芝麻信用

芝麻信用分是芝麻信用对海量信息数据的综合处理和评估，主要包含了用户信用历史、行为偏好、履约能力、身份特质、人脉关系五个维度。芝麻信用基于阿里巴巴的电商交易数据和蚂蚁金服的互联网金融数据，并与公安网等公共机构及合作伙伴建立数据合作。与传统征信数据不同，芝麻信用数据涵盖了信用卡还款、网购、转账、理财、水电煤缴费、租房信息、住址搬迁历史、社交关系等等。芝麻信用分值范围在 350 到 950，700 分以上为优秀，芝麻分越高代表信用水平越好，违约倾向越低。

芝麻信用评分由五个维度构成：

(1)信用历史——过往信用账户还款记录及信用账户历史；

(2)行为偏好——在购物、缴费、转账、理财等活动中的偏好及稳定性；

(3)履约能力——稳定的经济来源和个人资产；

(4)身份特质——在使用相关服务过程中留下的足够丰富和可靠的个人基本信息；

(5)人脉关系——好友的身份特征以及跟好友互动程度。

(二)腾讯信用

腾讯信用是腾讯征信推出的个人征信管理平台，腾讯信用主要基于历史行为信息，通过采集不同维度的信息，运用大数据、机器学习以及传统统计方法相结合的技术手段

来客观反映用户的信用水平，从而得出用户的守信指数，用信用分来反映用户的信用水平，分数的多少是通过专业、先进的信用评分模型评估得出的，分数越高代表信用水平越高。

腾讯信用主要通过"履约、安全、财富、消费、社交"五大指数，基于用户的历史行为，用科学统计方法进行综合评估，结果最低 300 分，最高 850 分。

腾讯信用评分由五个维度构成：

8-4 互联网征信

(1)履约指数——用户平时是否守约，如贷款、信用卡是否按时还款。

(2)安全指数——用户的手机 QQ 支付、微信支付的安全设置是否到位，如账户是否有实名认证和数字证书。

(3)财富指数——用户的个人资产情况，如各类资产的构成、理财记录等。

(4)消费指数——用户的手机 QQ、微信支付行为如何，如购物、缴费等场景的行为及偏好。

(5)社交指数——用户在 QQ 上的社交行为和人脉关系如何，良好的社交行为和人脉关系有助于提升社交指数。

二、芝麻信用与腾讯信用的优劣比较

芝麻信用和腾讯信用是当前互联网个人征信的两个典型代表，双方征信维度和内容有许多相似之处，也有许多不同之处。因为蚂蚁集团和腾讯的业务重点及特质不一样，导致双方在个人征信领域也有各自的优劣。

芝麻信用和腾讯信用也存在很多不同之处，主要有以下几个方面。

就数据量而言，腾讯系稍多于阿里系。阿里系的芝麻信用，其数据主要源于支付宝和淘宝商城，目前支付宝的实名用户超过了 5 亿，每日处理数据在 30PB 以上，相当于 5000 个国家图书馆的数据总量，其中包含用户网购、还款、转账及个人信息等方面的数据。就用户量和使用频度而言，腾讯更胜一筹。腾讯旗下的微信用户超过 11 亿，QQ 的活跃用户 10 亿多，微众银行的大数据系统汇集了 40 万亿条数据信息。[1]

8-5 知识小测试

就数据价值而言，阿里系略胜一筹。阿里主要是支付数据和交易数据，腾讯主要是社交数据。阿里作为老牌的电商，拥有大量的交易数据和支付数据，而腾讯则是做网络交友软件起家，拥有包括 QQ、微信在内的大量社交数据，因此两者的数据类型有所不同。在数据价值上，一般谁离资金距离近，谁的数据价值更大。支付宝作为第三方支付工具，不仅为淘宝提供支付服务，而且早已走出了淘宝平台，在支付服务领域支付宝的份额保持在 50%以上。参与的消费场景越多，掌握的用户数据当然就越多，就越能清晰地描述一个人的经济水平，因此阿里数据的经济价值比腾讯略胜一筹。[2]

---

① 管清友，高伟刚. 互联网金融：概念、要素与生态[M]. 杭州：浙江大学出版社，2015：317.

② 管清友，高伟刚. 互联网金融：概念、要素与生态[M]. 杭州：浙江大学出版社，2015：278.

就数据的分析能力和应用而言，阿里系略微领先。芝麻信用对互联网征信数据的分析能力得到了初步验证，最好的案例是支付宝网贷和网商银行的中小微企业贷款、个人贷款，无须担保和抵押，但是还账率小于1%。芝麻信用目前已经与多家银行或金融机构合作，也与类似共享单车企业、58同城等公司合作，甚至与法院都有合作，相较腾讯信用，更加得到外部机构的认可。

第三节 互联网征信的现实生活运用

互联网征信的应用范围越来越广，以芝麻信用为例，芝麻信用是蚂蚁金服旗下独立的第三方征信机构，通过云计算、机器学习等技术客观呈现个人的信用状况，已经在信用卡、消费金融、融资租赁、酒店、租房、出行、婚恋、分类信息、学生服务、公共事业服务等上百个场景为用户、商户提供信用服务。归结起来互联网征信主要有信贷、交易和其他生活运用。

一、资金信贷

在资金信贷中，由于双方的信息不对称，如果没有相应的征信机制，就会导致逆向选择和道德风险，降低社会经济效率。特别是在互联网上，借贷金额低而频次高，由于成本效率原因，不大可能像传统金融一样开展线下调查。有互联网征信，金融机构就可以直接快速决定贷款的审批与否及审批额度。支付宝上借呗、花呗的额度就和芝麻信用分紧密相关，芝麻信用分越高，借呗、花呗的额度越高。在腾讯体系中也是一样，腾讯信用高的用户能享受到好信用带来的金融特权，包括现金借贷、银行办卡和消费分期等服务。

二、商业交易

在商业交易中，许多商业机构会采用互联网征信，对分数高者免押金、免担保。比如在共享单车领域，芝麻信用分600分以上者可以不用押金直接骑车；比如在许多地方，信用分高者可以免押金借充电宝；比如在部分宾馆酒店的入住退房方面，信用分高者可以直接办理入住手续不用交押金，退房时直接交卡而无须查房。

三、其他生活运用

互联网征信除了应用于资金借贷和商业交易，生活中其他方面的应用也很广，比如婚恋，信用分高的用户会被婚恋机构优先推荐。互联网征信甚至可以和法院结合，用于老赖的惩戒。例如，2015年7月24日，最高人民法院与芝麻信用签署对失信被执行人信用惩戒合作备忘录。双方通过专线方式实现数据对接,共享失信被执行人信息。开创了第三方商业征信机构首次通过最高人民法院官方授权,联合开展信用惩戒的先河。到2015年12月中旬,芝麻信用通过各应用平台限制失信被执行人购买机票、租车、贷款等已超过13万人次,5300多名失信被执行人因此还清债务,其中1500多名失信被执行人是长达三四年一直逃避执行的老赖。

第四节　提高个人互联网信用水平的技巧与方法

互联网征信在当前发挥着越来越重要的作用,个人信用分的不同导致生活中的便利程度截然不同。提升个人的信用分在借贷、理财、婚恋、交易等方面都具有正面作用。对于当代大学生来说,不管在线下还是线上,都应该树立诚信意识,诚实无欺、抱诚守真、言信行果,这是根本之道。就提升信用分的具体操作而言,有以下技巧与方法。

一、养成及时还贷的良好习惯

还贷记录在信用分记录里占据较大比重,即便只有一次逾期还款的记录,都很影响个人信用记录。人们经常接触的信用卡、京东白条、蚂蚁花呗,都是借款平台,在这些平台借款后,一定要在规定还款日前还款。即使不能全额还款也要按时偿还最低还款额并支付利息,如花呗、借呗还款。在免押金骑共享单车或借物品时,也需及时归还车或归还物品。

二、积累一定的个人财富

"有恒产者有恒心",一定的财富是个人履约能力的物质基础。生活中的违约或者不能如期还贷,也许是个人诚信品质的原因,也有可能是个人还款能力缺失导致的,所以征信机构都会不约而同地把个人财力作为征信的一个维度,个人财力的增长有助于信用分的提升。所以对于大学生而言,积累一定的个人财富,也有助于信用分的提升。

三、和诚实守信之人做朋友

俗话说"物以类聚,人以群分",从一个人的朋友圈大致能够看出这个人的品行和偏好,社交也是征信的一个维度,所以大学生需要谨慎交友,多和诚实守信之人交朋友,少和失信之人来往。

四、让征信机构了解真实的你

信用分和个人特质息息相关，大学生希望提高自己的信用分，可以在征信机构补足自己的信息，如学历、工作、身份、住址、联系方式等信息，使用相关工具进行网购、支付水电费、理财等，当征信机构越了解真实的你，你的信用分数也就容易提高。

五、热心公益事业

热心公益事业能一定程度反映此人具有爱心和慈善之心。具有爱心和慈善之心之人一般不会轻易违约。所以热心公益事业，大学生在力所能及的范围内关爱他们，也有助于提升自己的信用分。

8-6 征信

本章习题

一、判断题

1. 互联网征信是一种高效、多维度、实时性大数据风控模式。（　　）
2. 互联网征信在生活中有多重用途。（　　）
3. 建立互联网征信有助于提升传统金融机构的风险控制水平。（　　）
4. 提高芝麻信用分或腾讯信用分有助于购房按揭贷款的审批。（　　）
5. 提高个人信用分的关键在于网上及时还贷。（　　）

二、简答题

1. 比较分析芝麻信用和腾讯信用的优劣。
2. 结合个人生活体验，谈谈如何提高个人的信用分。

8-7 本章习题答案

第九章　互联网金融的创新与风险管理

互联网金融是互联网机构使用网络大数据、搜索工具、云计算等手段完成支付、募集资金和信息汇集，并与传统金融机构相结合的新型金融模式。互联网金融从根本上改变了传统金融服务的理念和业务方式，提升了金融资源配置效率，近年来在各地呈“井喷”式发展。但是由于互联网金融在我国的使用还不够成熟，相关的技术和监管等都有所空缺，互联网金融在我国发展面临着巨大的风险和挑战，构建互联网金融的创新和风险管理机制日益紧迫。

9-1 互联网金融的创新与风险

第一节　互联网金融的创新机制及其现实表现

一、金融市场创新

（一）创新金融表现形式

与传统金融相比，互联网金融以互联网技术为依托，提供互联网支付、互联网融资、互联网理财产品销售等服务，使金融受众范围不断下沉，一定程度上填补了传统金融覆盖面的空白。另外，互联网金融具有“海量交易笔数、小微单笔金额”的特征，这种小额、快捷、便利的特征使其具有普惠金融的特点和促进包容性增长的功能[①]，在小微金融领域具有突出的优势。

（二）创新金融交易机制

互联网金融凭借平台优势，积极发展线上业务，形成金融互联网生态圈，弥补传统金融业务盲区，为不同主体的不同成长阶段提供差异化服务。例如，银行、证券、保险等传

① 徐二明，谢广营．互联网普惠金融发展趋向：制度性创业视角[J]．中国流通经济，2015(7)：61-69．

统金融机构依托互联网技术，积极开发基于互联网技术的新产品和新服务；互联网企业设立互联网支付机构、网络借贷平台、股权众筹融资平台、网络金融产品销售平台，更好地满足中小微企业和个人投融资需求；电子商务企业在符合金融法律法规规定的条件下自建和完善线上金融服务体系，拓展电商供应链业务。

（三）创新风险评估机制

大数据作为云计算、物联网之后IT业界又一大颠覆性的技术革命，在金融领域的应用越来越广泛和重要。互联网金融借助大数据资源，进行跨系统信贷信息整合，建立集中式风险检测中心，优化信贷评级模型，实施新的信贷风险管理策略。借助大数据可以对客户进行全面持续的风险监测，形成全方位、全流程的监测体系，对保证人和抵押品价值变化进行持续观测，有效防止担保虚化等风险的发生。同时可以优化金融数据共享度与透明度，补充信用描述风险预警机制，进而增强商业银行信贷业务的风险管理能力，发挥出金融大数据资源的时效性。①

（四）创新金融经营方式

互联网金融给以银行为代表的传统金融业带来巨大冲击。传统金融机构不得不重新思考，从以资金为导向向以客户、市场为导向转变，以优质的产品和服务重新赢得客户的青睐。传统商业银行经营方式转型主要表现在以下几个方面：一是利用搜索引擎和数据挖掘技术，及时分析用户需求动向及对银行产品和服务进入反馈，适时调整和改进。二是利用互联网技术和大数据挖掘，实现对客户物流、资金流、信息流的“三流合一”管理，成为客户全能财务管家；大力发展供应链金融，积极开展集群营销。三是发挥风险控制、大型支付结算和资金实力等方面的优势，与各类电商平台和社交平台等互联网企业开展战略合作，探索基于互联网与银行优势相结合、线上线下业务相融合的新型商业模式。四是基于互联网技术平台，利用智能终端、云计算、搜索引擎等技术，积极开展移动支付，形成电子银行、网上银行、手机银行等全方位的服务渠道，推行无卡消费，实现无卡取现等。②

二、金融产品创新

（一）互联网支付

互联网支付是指客户为购买特定商品或服务，通过计算机、手机等设备，依托互联网发起支付指令，实现货币资金转移的行为，是互联网金融的基本功能和特征之一。

按照支付方式分类，互联网支付可以分为网络银行直接支付、第三方辅助支付和第

① 侯晓玥．大数据金融的风险与挑战分析[J]．商场现代化，2019(2)：122-123．

② 胡挺．互联网金融与金融互联网：替代抑或竞合？[EB/OL]．(2013-10-31)[2020-01-30]．http://epaper.bjnews.com.cnhtm/2013-10/31/content_474431.htm? div=－1．

三方支付平台。网络银行直接支付是最早被接受的互联网支付方式，由用户向网上银行发出申请，将银行里的金钱直接划到商家名下的账户，直接完成交易。第三方辅助支付是指为了使得交易双方更方便快捷达成交易，除用户、商户和银行外，还会有第三方的参与，如中国人民银行 2009 年研发的“超级网银”。所谓第三方支付平台，就是一些与产品所在国家及国外各大银行签约、具备一定实力和信誉保障的第三方独立机构提供的交易支持平台。第三方支付能够对买卖双方的交易进行足够的安全保障。

按照支付工具分类，互联网支付可以分为电子信用卡网络支付、电子现金支付、智能卡支付、虚拟货币支付、网银支付、电子支票网络支付、电子汇票系统支付等。

按照支付终端分类，互联网支付可以分为电脑支付、移动支付和互联网电视支付等。

（二）互联网贷款

互联网贷款是指借助互联网的优势，足不出户地完成贷款申请的各项步骤，包括了解各类贷款的申请条件、准备申请材料、递交贷款申请等，都可以在互联网上高效地完成。2015 年 1 月，中共中央政治局常委、国务院总理李克强在深圳前海微众银行敲下电脑回车键，为这家国内首家开业的互联网民营银行完成第一笔放贷业务，一名卡车司机拿到了这笔 3.5 万元的互联网贷款。互联网贷款一般有“B2C”和“P2P”两种模式。“B2C”的“B”一般指银行，有些网站也提供贷款公司的产品。一般的互联网“B2C”贷款都依托网络贷款平台完成贷前工作，根据规则不同，有些还需要申请人去银行线下办理。“B2C”模式受到地域限制，覆盖面还有待拓展。“P2P”贷款模式是一种将小额资金聚集起来借贷给有资金需求人群的一种民间小额借贷模式，该模式借助了互联网、移动互联网技术，为客护提供网络信贷平台及相关理财行为、金融服务。“P2P”模式主要有银行系、上市公司系、国资系、民营系、风投系等。近年来“P2P”行业已经暴露出不少弊端。由于国内个人信用体系并不完善及监管政策的滞后，频繁出现了非法集资、卷款跑路等安全事件。2019 年 9 月，互联网金融风险专项整治工作领导小组、网贷风险专项整治工作领导小组联合发布《关于加强 P2P 网贷领域征信体系建设的通知》，支持在营 P2P 网贷机构接入征信系统。2020 年 11 月中旬，全国实际运营的 P2P 网贷机构完全归零。

（三）互联网筹资

互联网金融的新型筹资渠道有 P2P 筹资、众筹筹资（crowd funding）与大数据金融（big data finance），各有其优势与特点。

众筹筹资主要针对有研发环节的中小型企业，一般适用于文创、影视、高新技术等领域。众筹筹资模式如图 9-1 所示。

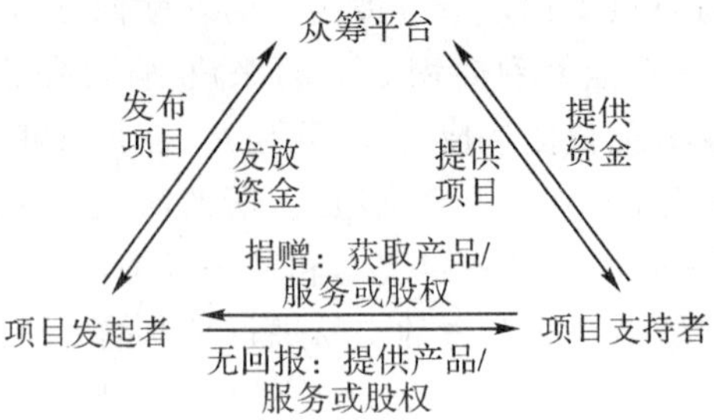

图 9-1　众筹筹资的基本模式

众筹筹资又可分为消费众筹和股权众筹。

消费众筹是利用互联网和 SNS(social networking services，即社会性网络服务)传播的特性，让创业者向网友展示创意，争取大家的关注和支持，同时用预购的形式，向网友募集新产品的生产资金。如在目标天数内筹集到目标金额则为众筹成功，可按预期时间发货；如未达到目标金额则为众筹失败，资金全数退还给消费者。对使用众筹模式销售产品的企业来说，一方面为企业完成研发阶段而进入生产阶段的产品提供相应的资金支持，另一方面可以达到对新产品或服务宣传的效果，为后期积累用户、打开市场奠定了坚实的基础。

股权众筹是指公司出让一定比例的股份给普通投资者，投资者通过出资入股公司以获得未来收益的一种基于互联网渠道而进行筹资的模式。股权众筹从是否担保来看，可分为无担保股权众筹和有担保股权众筹。无担保股权众筹是指投资人在进行众筹投资的过程中没有第三方公司提供相关权益问题的担保责任。目前国内基本上都是无担保股权众筹。有担保股权众筹是指股权众筹项目在进行众筹的同时，这种担保是固定期限的担保责任。股权众筹运营模式有凭证式众筹、会籍式众筹和天使式众筹。凭证式众筹主要是指在互联网上通过卖凭证和股权捆绑的形式进行募资，出资人付出资金取得相关凭证，该凭证又直接与创业企业或项目的股权挂钩，但投资者不成为股东。会籍式众筹主要是指在互联网上通过熟人介绍，出资人付出资金，直接成为被投资企业的股东。天使式众筹的出资人通过互联网寻找投资企业或项目，付出资金直接或间接成为该公司的股东，同时出资人往往伴有明确的财务回报要求。

大数据金融是依靠大量运作信息数据，利用网络平台、云计算技术等信息整合技术，参考过去的金融业务运作模式，实施资本流动，改革金融业务运行机制。目前，大数据服务平台的运营模式分为平台模式和供应链金融模式。平台模式以蚂蚁金服为代表，是以云计算和其他基于信息的方法挖掘和分析其数据为前提，主要向中小企业提供小额信贷的模式。供应链金融模式以小米、京东等企业为代表，依靠自身产业的优势核心地位，对供应链的上下游企业，合理利用现金流量、发票、合同、订单等信息进行控制，通过自有资金平台或合作金融机构，为上下游企业提供金融服务。

(四)互联网金融产品销售

与银行、券商等相比，互联网金融产品销售立足于互联网，主要面向广大低净值的互联网用户，在销售模式上拥有其独特的互联网属性。同时，销售机构由于省去了建立线下网点和雇用员工的一大笔开支，因此在销售费率上拥有一定的优势。近年来，以支付宝、微信、京东、苏宁、百度金融等为代表的综合性金融平台不断涌现。这些平台或将一些金融产品重新包装成特色鲜明的理财产品，比如微信的理财通零钱、支付宝的余额宝等，或直接经过严格的筛选，将各大金融机构的产品进行展示销售。这类平台的特点是产品品种齐全、管理严格、信誉卓著、深受好评，非常适合个性化理财需求。但是到目前为止，第三方基金销售平台主要还是基金超市的模式，并没有改变传统金融产品的业态，只是利用互联网形成了新的销售渠道。

9-2 知识小测试

第二节　互联网金融的风险特征、类别与规避

一、互联网金融的风险特征

(一)风险扩散速度快

互联网金融具有互联网的特性，它的重大优势就是对于信息数据的快速处理，为远程的市场交易主体提供了有力的技术支持，使得其能够通过互联网积极参与到市场交易中来。但也是因为这一特性，在互联网中进行的不安全交易可能会产生传播速度极快的系统性风险，使得补救这一金融风险的成本大大提高。

(二)风险监管难度较高

互联网金融的交易和支付过程通常在互联网或者移动互联网上完成，交易的虚拟化使金融业务失去了时间和地理限制，交易对象变得模糊，交易过程更加不透明，风险孕育和爆发都具有很强的瞬时性，金融风险形式更加多样化。这一切对互联网金融的风险防控和金融监管提出了更高的要求。

(三)风险交叉传染可能性大

在当前互联网金融发展背景下，互联网金融机构交叉运作、交叉投资、交叉销售等趋势不断深入，互联网金融交易主体之间的关系愈发贴近，互相渗透。这一客观事实使得机构间、交易主体间风险的关联性不断加强，互联网金融风险的突发性较大，产生风险后的波及面也更为广泛。

9-3 知识小测试

二、互联网金融的风险类别

(一)信用风险

信用风险也被称作违约风险，即交易一方因外部因素的影响或自身因素的变化，不能或不愿按照约定履行合同义务，给对方造成损失的可能性。虽然互联网的开放性减少了网络中信息的不对称，但这更多的是在需求对接等资源配置上的效率提升，而在识别互联网金融参与双方的信用水平上并没有太大作用。因此，互联网金融市场中交易双方信息不透明问题可能依然非常突出。这种不透明交易潜在增加了信用风险爆发的概率，导致互联网金融领域的信用风险较传统金融行业更难控制。

(二)道德风险

道德风险是一个经济哲学范畴的概念，指人在最大限度地增进自身效用的同时做出不利于他人的行动。互联网金融背景下，由于契约的不完备性和信息的非对称性，都会诱发机会主义行为，导致潜在道德风险爆发。例如，客户可以更多地利用金融机构与自身信息不对称的优势进行证明信息造假以骗取贷款，或者在多家贷款机构取得贷款；一些平台不当销售理财产品，致资金链断裂、卷款“跑路”事件时有发生；部分小额贷款公司、民间借贷公司打着互联网金融的旗号进行“庞氏融资”等。

(三)经营风险

经营风险指公司内部治理不到位、程序与治理流程不完善、人员的失误或舞弊、系统的失灵或缺陷等因素造成的风险。由于进入门槛低，缺乏严格监管，互联网金融机构数量迅速膨胀，其中大部分机构并不具有规范的治理架构和运营机制，严重背离金融业审慎经营的理念和文化，风险隐患普遍存在于业务流程各个环节。[①] 另外，互联网金融平台交叉销售、交叉运作和交叉投资方向越来越具有跨行业、跨市场、跨机构的特征，多方合作的交叉性金融产品在市场上也越来越多，由此带来产品结构过于复杂、合同约定责任不清、变相监管套利、跨行业和市场的风险传递等各类问题及风险点。[②]

(四)网络技术风险

互联网金融是以互联网为平台的金融，如果网络技术出现问题，那互联网金融就失去了赖以生存与发展的基础，因此网络技术的风险是互联网金融的重要风险之一。一般而言，互联网金融业务的 IT 技术衍生操作风险至少包括设施设备运营中断风险、互联网恶意入侵风险、交易数据传输泄密风险、员工不当操作风险、客户信息安全经验不足等风

---

① 何晓晨.互联网金融及其风险研究[J].西部皮革，2016(7)：92-93.

② 邓雄鹰，郑慧.银监会李志磊：警惕跨行业交叉性风险上升[EB/OL].(2014-08-31)[2021-01-30]. https://www.chinanews.com/fortune/2014/08-31/6547372.shtml.

险。实践中，由于进入门槛低、急于“跑马圈地”等原因，互联网企业在系统设计时普遍存在重交易、轻风控的问题，加之缺乏足够的风控合规经验积累，网络技术风险发生的概率就可能更高。

（五）法律与监管风险

9-4 知识小测试

目前，我国互联网金融法律和监管体系尚不完善，大量的互联网金融产品创新、交易方式创新游走于“灰色”地带，监管套利空间广阔。当前我国互联网金融法律和监管状况堪忧，主要体现在五个方面：一是互联网金融监管立法滞后。日新月异的互联网金融业务，无论是投资理财产品还是各类平台的出现，都让监管部门力不从心。二是互联网金融机构合法性难以确定。互联网金融机构的市场准入没有国家标准，也没有按照金融机构的法定市场准入程序进行注册登记，金融消费者难以确认互联网金融机构身份的合法性，也无法掌握和了解互联网金融机构的资质、信用度等信息的真实性。三是主体地位和经营范围尚不明确，交易出现模糊业务边界、逃避监督管理，甚至打法律擦边球的现象。四是互联网金融监管取证难。互联网金融交易数据以电子证据的形式被记录和保存，电子证据的收集、保全、审查、出示等对传统取证制度提出了挑战。五是现有互联网金融监管主体混乱，监管主体众多、政出多门，导致监管效率低下，甚至出现监管的真空地带。

三、互联网金融的风险规避

（一）优化顶层设计

从宏观层面上讲，互联网金融关乎国家金融的安全稳定。提高顶层设计，有助于从根源杜绝信息泄露、信息滥用的可能性，有助于降低非道德风险爆发的概率。应当按照“鼓励创新、防范风险、趋利避害、健康发展”的总体要求，积极鼓励互联网金融平台、产品和服务创新，鼓励从业机构相互合作，拓宽从业机构融资渠道，坚持简政放权和落实、完善财税政策，推动信用基础设施建设和配套服务体系建设。按照“依法监管、适度监管、分类监管、协同监管、创新监管”的原则，确立互联网支付、网络借贷、股权众筹融资、互联网基金销售、互联网保险、互联网信托和互联网消费金融等互联网金融主要业态的监管职责分工，落实监管责任，明确业务边界。坚持以市场为导向发展互联网金融，遵循服务好实体经济、服从宏观调控和维护金融稳定的总体目标，切实保障消费者合法权益，维护公平竞争的市场秩序。健全制度，规范互联网金融市场秩序，如在互联网行业管理，客户资金第三方存管制度，信息披露、风险提示和合格投资者制度，消费者权益保护，网络与信息安全，反洗钱和防范金融犯罪，加强互联网金融行业自律，监管协调与数据统计监测等方面进行规范。[①]

---

① 史青林. F汽车金融公司“互联网＋”战略研究[D]. 大连：大连理工大学，2019.

(二)完善征信体系

一是转变传统监管方式和思路,推进技术升级和人才队伍建设,增强监管手段,充实监管力量,加强互联网金融征信行业监管,确保信息采集、信息提供的合法性。二是充分发挥中国人民银行金融信用信息主管机关的作用,推进金融信用信息共享机制建设,建立统一的信息主体标识规范、征信基本术语规范,制定层级清晰、结构完善的征信业总体标准,提高征信标准化工作的适用性与科学性。三是按照《征信机构管理办法》的要求落实信息安全等级测评制度,保障征信系统的安全、可控,强化信息安全和个人隐私保护,完善法律保障体系。四是坚持以培养和营造良好的社会信用文化为核心和重点,形成诚实守信的社会氛围,同时提高失信惩戒的手段和方法,加大失信惩处力度,提高违约成本。五是借鉴欧美国家成熟的征信体系和完善的法律规范,加强互联网征信制度和立法建设,提升管理和执行力度。六是推动各个部门内部信息系统的数据共享,为大数据征信风控系统提供基础的数据来源,提高互联网大数据征信模型准确性。①

(三)严格准入管理

目前,互联网金融行业准入门槛较低,虽然可以激发市场活力,但也在无形中增加了潜在的金融风险,不利于互联网金融市场的良性发展。因此,在市场准入管理方面,针对互联网金融不同业态制定相应的市场准入资质要求,对部分业态可以考虑实施核准制,对最低注册资本、从业人员、网络运营系统、内控管理等方面明确适当的控制标准,提高金融企业的偿债能力、保障能力,减小非系统性风险。未经相关部门批准或备案从事金融活动的,由金融管理部门会同工商部门予以认定和查处,情节严重的,予以取缔。工商部门根据金融管理部门的认定意见,依法吊销营业执照;涉嫌犯罪的,由公安机关依法查处。

(四)降低技术安全威胁

一是强化风险控制意识,统筹考量基础设施层、应用层和业务层的安全防护,强化纵深防御体系,在各层面采取措施,加强安全漏洞管理。二是加强行业沟通,通过金融行业与信息产业之间的联合发力,及时掌握网络安全技术动态与行业、产业发展状况,借助优秀企业的技术实力,不断学习、吸收先进的防护技术和理念。三是保障经费投入,划拨专项费用用于网络设备升级换代,采购相应的防护服务,确保路由器、防火墙和入侵检测系统软硬件功能、性能适应维护网络安全的需要。四是做好技术防护,有针对性地采用静态配置隧道、密码生成地址、扩展头合法性检查、网络层加密,关闭不必要服务端口,细化边界设备过滤规则,确保业务连续性能力和安全保护能力持续提高。②

---

① 黄国平.完善互联网金融信息和征信体系建设[N].经济日报,2016-10-06(006).

② 黄一彬,陈敬和.加强金融行业网络安全[EB/OL].(2019-09-09)[2021-01-30].https://www.financialnews.com.cn/llgdsj201909/t20190909_167591.html.

(五)健全法律制度,加强行业监管

一是根据互联网金融发展和监管特点,对现行法律法规体系进行修订、补充。例如在《中国人民银行法》和《商业银行法》中增加互联网金融业务准入条件和审批要求的规范。同时,制定一部区别于专门管理和监督传统银行法律法规的"互联网金融法",对互联网金融法律主体、准入规定、业务审核、监管目标、监管方式、退出机制、当事人各方权利义务关系及违反相关规定所应承担的责任等做出规范。

9-5 知识小测试

二是在上述法律体系调整的基础上,继续细化出台相应的法律法规细则,对互联网金融服务合同的管理、风险监控、业务行为,以及电子支付手段和支付工具等,提出明确可行的规范,同时加强对互联网金融主体各个方面的监管,真正实现无缝监管。

三是完善现行法律法规内容,加强相互间关联性。基于法律体系完整性的角度,完善《刑法》《刑事诉讼法》《民法典》《民事诉讼法》等涉及互联网金融法律关系各方权利义务关系调整的法律法规,使互联网金融犯罪和互联网金融民事纠纷能有明确的法律规定进行调整。例如,电子合同形式是否合法,电子记录可否作为证据等。

四是结合互联网金融的风险特征,针对不同的互联网金融风险,采取不同的监管方式,如注册备案监管、交易行为监管、宏观或微观审慎监管、金融产品监管等,并根据监管过程中发现的问题及变化,对监管力度、范围、方式等做出动态调整,以达到最大化的监管有效性。[①]

第三节　互联网金融的风险控制与政府监督

一、监管创新,支持互联网金融稳步发展

(一)坚持简政放权,提供优质服务

各金融监管部门要积极支持金融机构开展互联网金融业务,按照法律法规规定,对符合条件的互联网企业开展的相关金融业务实施高效管理。工商行政管理部门要支持互联网金融企业依法办理工商注册登记。电信主管部门、国家互联网信息管理部门要积极支持互联网金融业务,电信主管部门对互联网金融业务涉及的电信业务进行监管,国家互联网信息管理部门负责对金融信息服务、互联网信息内容等业务进行监管。积极开展互联网金融领域立法研究,适时出台相关的法律法规和管理制度,营造有利于互联网

① 贾肖明,郭家轩.加强顶层设计　推动互联网健康发展[N].南方日报,2014-03-07(A14).

金融发展的良好制度环境。加大对从业机构专利、商标等知识产权的保护力度。支持设立专业化互联网金融研究机构，鼓励建设互联网金融信息交流平台，积极开展互联网金融研究。

（二）推动信用基础设施建设，加强互联网金融领域信用监管

支持大数据存储、网络与信息安全维护等技术领域基础设施建设。鼓励从业机构依法建立信用信息共享平台。推动符合条件的相关从业机构接入金融信用信息基础数据库。允许有条件的从业机构依法申请征信业务许可。支持具备资质的信用中介组织开展互联网企业信用评级，增强市场信息透明度。鼓励会计、审计、法律、咨询等中介服务机构为互联网金融企业提供相关专业服务。

二、分类指导，明确互联网金融监管责任

遵循"依法监管、适度监管、分类监管、协同监管、创新监管"的原则，科学合理界定各业态的业务边界及准入条件，落实监管责任，明确风险底线，保护合法经营，坚决打击违法和违规行为。

（一）互联网支付

根据《关于促进互联网金融健康发展的指导意见》（银发〔2015〕221 号），互联网支付业务由中国人民银行负责监管。银行业金融机构和第三方支付机构从事互联网支付，应遵守现行法律法规和监管规定。第三方支付机构与其他机构开展合作的，应清晰界定各方的权利义务关系，建立有效的风险隔离机制和客户权益保障机制。要向客户充分披露服务信息，清晰地提示业务风险，不得夸大支付服务中介的性质和职能。

（二）网络借贷

网络借贷业务由银保监会负责监管。在个体网络借贷平台上发生的直接借贷行为属于民间借贷范畴，受《民法典》等法律法规及最高人民法院相关司法解释规范。个体网络借贷要坚持平台功能，为投资方和融资方提供信息交互、撮合、资信评估等中介服务。个体网络借贷机构要明确信息中介性质，主要为借贷双方的直接借贷提供信息服务，不得提供增信服务，不得非法集资。网络小额贷款应遵守现有小额贷款公司监管规定，发挥网络贷款优势，努力降低客户融资成本。

（三）股权众筹融资

股权众筹融资业务由证监会负责监管。股权众筹融资中介机构可以在符合法律法规规定的前提下，对业务模式进行创新探索，发挥股权众筹融资作为多层次资本市场有机组成部分的作用，更好地服务创新创业企业。股权众筹融资方应为小微企业，应通过股权众筹融资中介机构向投资人如实披露企业的商业模式、经营管理、财务、资金使用等关键信息，不得误导或欺诈投资者。投资者应当充分了解股权众筹融资活动风险，具备

相应风险承受能力，进行小额投资。

（四）互联网基金销售

互联网基金销售业务由证监会负责监管。基金销售机构与其他机构通过互联网合作销售基金等理财产品的，要切实履行风险披露义务，不得通过违规承诺收益方式吸引客户；基金管理人应当采取有效措施防范资产配置中的期限错配和流动性风险；基金销售机构及其合作机构通过其他活动为投资人提供收益的，应当对收益构成、先决条件、适用情形等进行全面、真实、准确表述和列示，不得与基金产品收益混同。第三方支付机构在开展基金互联网销售支付服务过程中，应当遵守中国人民银行、证监会关于客户备付金及基金销售结算资金的相关监管要求。第三方支付机构的客户备付金只能用于办理客户委托的支付业务，不得用于垫付基金和其他理财产品的资金赎回。

（五）互联网保险

互联网保险业务由银保监会负责监管。保险公司开展互联网保险业务，应遵循安全性、保密性和稳定性原则，加强风险管理，完善内控系统，确保交易安全、信息安全和资金安全。专业互联网保险公司应当坚持服务互联网经济活动的基本定位，提供有针对性的保险服务。保险公司应建立对所属电子商务公司等非保险类子公司的管理制度，建立必要的防火墙。保险公司通过互联网销售保险产品，不得进行不实陈述、片面或夸大宣传过往业绩、违规承诺收益或者承担损失等误导性描述。

（六）互联网信托和互联网消费金融

互联网信托业务、互联网消费金融业务由银保监会负责监管。信托公司、消费金融公司通过互联网开展业务的，要严格遵循监管规定，加强风险管理，确保交易合法合规，并保守客户信息。信托公司通过互联网进行产品销售及开展其他信托业务的，要遵守合格投资者等监管规定，审慎甄别客户身份和评估客户风险承受能力，不能将产品销售给风险承受能力不相匹配的客户。信托公司与消费金融公司要制定完善的产品文件签署制度，保证交易过程合法合规及安全规范。

9-6 知识小测试

三、健全制度，规范互联网金融市场秩序

（一）互联网行业管理

任何组织和个人开设网站从事互联网金融业务的，除应按规定履行相关金融监管程序外，还应依法向电信主管部门履行网站备案手续，否则不得开展互联网金融业务。工业和信息化部负责对互联网金融业务涉及的电信业务进行监管，国家互联网信息办公室负责对金融信息服务、互联网信息内容等业务进行监管，两部门按职责制定相关监管细则。

(二)客户资金第三方存管制度

除另有规定外,从业机构应当选择符合条件的银行业金融机构作为资金存管机构,对客户资金进行管理和监督,实现客户资金与从业机构自身资金分账管理。客户资金存管账户应接受独立审计并向客户公开审计结果。中国人民银行会同金融监管部门按照职责分工实施监管,并制定相关监管细则。

(三)信息披露、风险提示和合格投资者制度

从业机构应当对客户进行充分的信息披露,及时向投资者公布其经营活动和财务状况的相关信息,以便投资者充分了解从业机构运作状况,促使从业机构稳健经营和控制风险。从业机构应当向各参与方详细说明交易模式、参与方的权利和义务,并进行充分的风险提示。要研究建立互联网金融的合格投资者制度,提升投资者保护水平。

(四)消费者权益保护

加强互联网金融产品合同内容、免责条款规定等与消费者利益相关的信息披露工作,依法监督处理经营者利用合同格式条款侵害消费者合法权益的违法、违规行为。构建在线争议解决、现场接待受理、监管部门受理投诉、第三方调解,以及仲裁、诉讼等多元化纠纷解决机制。细化完善互联网金融个人信息保护的原则、标准和操作流程。严禁网络销售金融产品过程中的不实宣传、强制捆绑销售。中国人民银行、银保监会、证监会会同有关行政执法部门,根据职责分工依法开展互联网金融领域消费者和投资者权益保护工作。

(五)网络与信息安全

从业机构应当切实提升技术安全水平,妥善保管客户资料和交易信息,不得非法买卖、泄露客户个人信息。中国人民银行、银保监会、证监会、工业和信息化部、公安部、国家互联网信息办公室分别负责对相关从业机构的网络与信息安全保障进行监管,并制定相关监管细则和技术安全标准。

(六)反洗钱和防范金融犯罪

从业机构应当采取有效措施识别客户身份,主动监测并报告可疑交易,妥善保存客户资料和交易记录。从业机构有义务按照有关规定,建立健全有关协助查询、冻结的规章制度,协助公安机关和司法机关依法、及时查询、冻结涉案财产,配合公安机关和司法机关做好取证和执行工作。坚决打击涉及非法集资等互联网金融犯罪,防范金融风险,维护金融秩序。金融机构在和互联网企业开展合作、代理时应根据有关法律和规定签订包括反洗钱和防范金融犯罪要求的合作、代理协议,并确保不因合作、代理关系而降低反洗钱和防范金融犯罪执行标准。中国人民银行牵头负责对从业机构履行反洗钱义务进行监管,并制定相关监管细则。

(七)加强互联网金融行业自律

充分发挥行业自律机制在规范从业机构市场行为和保护行业合法权益等方面的积

极作用。中国人民银行会同有关部门，组建中国互联网金融协会。协会要按业务类型，制定经营管理规则和行业标准，推动机构之间的业务交流和信息共享。协会要明确自律惩戒机制，提高行业规则和标准的约束力。强化守法、诚信、自律意识，树立从业机构服务经济社会发展的正面形象，营造诚信规范发展的良好氛围。

(八)监管协调与数据统计监测

各监管部门要相互协作，形成合力，充分发挥金融监管协调部际联席会议制度的作用。中国人民银行、银保监会、证监会应当密切关注互联网金融业务发展及相关风险，对监管政策进行跟踪评估，适时提出调整建议，不断总结监管经验。财政部负责互联网金融从业机构财务监管政策。中国人民银行会同有关部门，负责建立和完善互联网金融数据统计监测体系，相关部门按照监管职责分工负责相关互联网金融数据统计和监测工作，并实现统计数据和信息共享。

本章习题

1. P2P 网贷的风险包括________。（　　）

A. 资金风险　　B. 流动性风险

C. 管理风险　　D. 以上都是

2. 关于互联网金融的法律风险，说法错误的是________。（　　）

A. 无法可依　　B. 违法成本低

C. 公民守法意识强　　D. 金融立法的层级较低

3. 互联网基金销售属于________监管。（　　）

A. 央行　　B. 证监会

C. 银保监会　　D. 国务院

4. 下列各项中，不能算作电子货币特征的是________。（　　）

A. 形式多样　　B. 技术精密，防伪性能好

C. 自动化处理　　D. 重要的保值工具

5.《最高人民法院关于审理民间借贷案件适用法律若干问题的规定》规定了借贷双方约定的利率为超过年利率________，出借人有权请求借款人按照约定的利率支付利息。（　　）

A. 0.12　　B. 0.36

C. 0.24　　D. 0.2

6. 股权众筹模式中存在的风险包括________等方面。（　　）

A. 道德风险　　B. 流动性风险

C. 经营风险　　D. 操作风险

E. 一体化

9-7 本章习题答案

第十章　互联网下的经济金融法律纠纷及应对

网络已经成为大学生学习、生活中必不可少的一部分。遇到不懂的问题,百度一下;想要买件东西,淘宝一下;喜欢某部电影,优酷一下;想很便宜地美食一顿,团购一下;给客户转账打款,网银一下;思念远方的朋友了,QQ 一下;想发发牢骚与感慨,微博一下。移动互联网成为一种新的生活方式。

网络给我们的生活带来了无穷的便利,使我们的生活变得丰富多彩。但是,当我们在网络中进行经济金融活动时,自身的合法权益会不会受到侵犯呢?我们在网络中的言行,也会侵犯他人的合法权益吗?我们应当如何在网络中维权?应该如何避免侵犯他人的合法权益?这一系列问题,随着网络的广泛应用而日益凸显出来。大学生需要了解如何安全地运用网络,用法律规避风险,用法律维护权益。

10-1 互联网下的经济金融法律纠纷及应对

本章在内容上从网络与现实生活的结合点切入,阐述和分析一系列常见的法律问题,为大学生的网络经济金融生活提供法律指引。

第一节　网络购物中的法律风险及应对

一、七天无理由退货问题

(一)案情简介

大学生小王在网购平台购买了一件真皮大衣,货到后,小王拆开包裹试穿后不满意,便立刻联系网店申请退货。店家告知小刘,在销售页面上已标注着"购买须知:该商品属于贵重物品,不接受七天无理由退货"。而小王认为此处的字体很小,与电商平台首页支持七天无理由退换货的宣传形成冲突,理应无效。小王诉至法院,要求退货并解除合同。店家则辩称,店铺已明确表示涉案商品不适用七天无理由退货,小王仍下单购买即表示接受该约定,退货理由不能成立。

(二)法理分析

本案是网店经营者和消费者的网络购货合同纠纷，双方争议的焦点是涉案商品能否适用七天无理由退货。解决本案需要对七天无理由退货的相关规定有所了解。

2014 年 3 月 15 日实施的《中华人民共和国消费者权益法》加入了"七日无理由退货"制度，保护了消费者的网购"反悔权"。2017 年 3 月 15 日《网络购买商品七日无理由退货暂行办法》正式施行，进一步明确网络商品销售者履行"七日无理由退货"的义务。

《中华人民共和国消费者权益保护法》第二十五条规定："经营者采用网络、电视、电话、邮购等方式销售商品，消费者有权自收到商品之日起七日内退货，且无须说明理由。但下列商品除外：(一)消费者定做的；(二)鲜活易腐的；(三)在线下载或者消费者拆封的音像制品、计算机软件等数字化商品；(四)交付的报纸、期刊。除前款所列商品外，其他根据商品性质并经消费者在购买时确认不宜退货的商品，不适用无理由退货。"

《网络购买商品七日无理由退货暂行办法》第六条和第七条进一步明确了不适用和可以不适用七天无理由退货的情况。

第六条 下列商品不适用七日无理由退货规定：(一)消费者定做的商品；(二)鲜活易腐的商品；(三)在线下载或者消费者拆封的音像制品、计算机软件等数字化商品；(四)交付的报纸、期刊。

第七条 下列性质的商品经消费者在购买时确认，可以不适用七日无理由退货规定：

(一)拆封后易影响人身安全或者生命健康的商品，或者拆封后易导致商品品质发生改变的商品；(二)一经激活或者试用后价值贬损较大的商品；(三)销售时已明示的临近保质期的商品、有瑕疵的商品。

本案涉案商品是一件服装，显然不在上述法律规定的不适用七天无理由退货的商品范围内。那么商家认为，他通过店铺声明已经告知购买本本商品的附加条件：不接受七天无理由退货，消费者仍然购买就意味着接受交易条件。这个说法能否成立？答案是否定的。《中华人民共和国消费者权益保护法》第二十一条规定："……经营者不得以格式条款、通知、声明、店堂告示等方式，做出排除或者限制消费者权利、减轻或者免除经营者责任、加重消费者责任等对消费者不公平、不合理的规定，不得利用格式条款并借助技术手段强制交易。格式条款、通知、声明、店堂告示等含有前款所列内容的，其内容无效。"据此，网购过程中七日无理由退货是消费者的法定权利，此类店铺自行做出不加入七天退货的声明是违反法律规定的，排除了消费者的法定权利，违反法律强制性规定，是无效的。因此消费者所购商品只要不属于上述法定不宜退货商品，仍有权行使七天无理由退货权。

(三)温馨提示

七日期间自消费者签收商品的次日开始起算。

七天无理由退货不是无条件退货，消费者退回的商品应当完好。

拓展思考

1.购买的商品过了七天还可以退货吗？
2.网店标识“特价商品不退不换”“打折商品不退不换”有效吗？

10-2 拓展思考参考答案

二、商品签收问题

(一)案情简介

大学生大潘在某网店下单购买了一款手机。3 天后，大潘收到快递公司某快递员送货的电话，快递员到达后取出包裹交给大潘，并拿出纸笔让大潘在快递单上签字，大潘说要先看看产品有没有问题再签字，该快递员说必须先签字才能验货，大潘就按照他的意思在快递单上签字了。签完字后，快递员将需要收回的快递单据从包装箱上撕下，将商品交给了大潘后就离开了。大潘回家打开包装箱，发现手机的屏幕裂开了，于是他马上给该快递员打电话询问，快递员表示可能是卖家发货时就有瑕疵，或是快递途中造成的损坏，表示会将问题反映给快递公司。大潘将手机有问题的事告知了网店卖家，卖家随后发来几张照片，是将销售给大潘的手机交邮包装时的照片，能明显看到当时手机的屏幕没有问题，于是大潘就等着快递公司打电话解决。1 天后，快递公司客服人员给大潘打电话称因为大潘已经在快递单上签字了，就是认可了产品没有问题，而且是在快递人员离开后才发现问题的，不能证明是收到递时就已经损坏了。大潘接完电话后很气愤，明明就是在快递途中弄坏的啊。本案中，谁该为大潘的损失负责？

(二)法理分析

本案的纠纷涉及买家、卖家和快递公司三方。买家和卖家之间存在买卖合同关系，卖家和快递公司之间存在快递服务合同关系，而买家和快递公司之间不存在直接的法律关系。因此，从法律上讲，大潘只能要求卖家赔偿损失，但他同时需要证明货物在交付时就已经损坏。因为《中华人民共和国民法典》第六百零四条规定：“标的物毁损、灭失的风险，在标的物交付之前由出卖人承担，交付之后由买受人承担，但是法律另有规定或者当事人另有约定的除外。”《淘宝争议处理规范》《京东发货与签收规范》都明确规定，商品毁损、灭失等的风险自收货人签收商品后由卖家转移给收货人。因此签收前验货环节不可或缺。

本案中快递员要求大潘先签收快递单再交付货物，其做法显然不符合网络交易规则，且违反法律的相关规定。面对快递员的无理要求，大潘本应该拒绝并要求先验货再签单，即便当时快递员坚持要大潘先签单，大潘也可以拒收货物或向快递公司投诉，以维护自己的利益，但是大潘不懂法、不知法，反而按照快递员的无理要求进行操作，最终无法证明签收前手机就已损坏，导致自己的权益受损。

如果本案最后查清是快递公司损坏的，大潘能否要求快递公司赔偿呢？由于买家和快递公司之间不存在直接的法律关系，买家是没有权利要求快递公司赔偿的，除非卖家和快递公司另有约定。买家可以依网购合同要求卖家退款退货，卖家依快递服务合同向快递公司索赔。

(三)温馨提示

法律规定承运人快递公司将货物交付给买家时，买家有权利先检验货物的品质，然后再签收快递单。在现实生活中，消费者很少在签收前开箱验货，快递员也不会主动让买家先验货，这就使买家的自身利益存在一定的风险。因此，为了维护自身利益，消费者在签单前务必验货，确保货物无损后签收；如发现货物存在破损，应保存证据，及时和卖家联系退换货。

拓展思考

10-3 拓展思考参考答案

1. 大潘网购了一本书，看了几十页后才发现里面有缺页，他找店家交涉，店家说你都已经签收了，责任自负。店家的说法成立吗？

2. 2021 年 2 月 16 日安徽合肥的刘女士花 1 万元从苹果官网购买了一台 iPhone 12Pro Max 手机。2 月 18 日，刘女士从快递柜取出快递时却发现快递盒中竟然是一盒苹果味的酸酸乳饮料，内包装有明显被拆过的痕迹。事发后，快递公司和苹果公司都没有给出明确的回应和解决措施。刘女士应该怎么维权？谁应该对刘女士的损失负责？

三、寄件保价问题

(一)案情简介

大潘将一部全新未拆机的 iPhone 11 Pro Max 256G 手机挂在“闲鱼”网站寄售，最终以人民币 8000 元成交。大潘于 2020 年 9 月 21 日通过微信小程序下单，交由顺丰速运承运，物流信息显示同月 22 日 18:46 快件已签收，同月 23 日 07:24 快件派送不成功，原因是收件人拒收。快件于同月 26 日退回大潘，大潘当着快递员面拆开快递外包装盒，检查手机已变成了 iPhone 11 Pro Max 64G，于是拒收该退件，并要求顺丰公司赔偿人民币 8000 元。双方协商未果，大潘诉诸法院，法院最终判决顺丰公司赔偿托寄物损失 126 元，并退还运费 18 元，合计 144 元。

(二)法理分析

本案中大潘寄出去一个新手机，却收回一个旧手机，内存还缩水了，这一出“老母鸡变鸭”的戏码让他损失惨重。法院为什么会这么判？难道是葫芦僧乱判葫芦案吗？其实法院的判决是有依据的。这是一个寄件人和快递公司的快递服务合同纠纷。双方通过微信小程序签订的电子合同合法有效，对双方具有法律约束力，双方应当按照合同约定全面履行自己的义务。《中华人民共和国民法典》第八百三十二条规定：“承运人对运输过程中货物的毁损、灭失承担赔偿责任。”本案中，顺丰公司承认原告交寄物品发生丢失，理应赔偿。

赔偿金额为什么差距这么大？《中华人民共和国民法典》第八百三十三条规定："货物的毁损、灭失的赔偿额，当事人有约定的，按照其约定；没有约定或者约定不明确，依据本法第五百一十条的规定仍不能确定的，按照交付或者应当交付时货物到达地的市场价格计算。法律、行政法规对赔偿额的计算方法和赔偿限额另有规定的，依照其规定。"因此赔偿额的确定规则是法定优先于约定，没有约定按市场价赔偿。《中华人民共和国邮政法》对赔偿额的计算方法和赔偿限额做了明确规定，但仅适用于国营邮政企业。民营快递公司，如顺丰、京东物流、"三通一达"等则按双方约定进行赔偿。

本案中大潘和顺丰公司对于赔偿有没有约定呢？确有约定。因为寄件人通过使用微信"顺丰速运"小程序下单时必须先阅读并同意《电子运单契约条款》的提示，未经寄件人同意勾选无法完成下单，该条款第 4.3 条内容为："未保价快件在运输环节发生灭失、破损、短少的，顺丰在 7 倍运费的限额内向您赔偿托寄物的实际损失，双方另有约定的除外。如您认为该赔偿标准不足以弥补您的损失，应根据托寄物的实际价值进行保价。如您未保价，视为托寄物价值不超过 1000 元。"条款以红色加粗字体提示重点内容，非常醒目。大潘选择寄件就表示愿意接受该条款的约束。因为本案大潘没有对手机进行保价，按照约定其最多只会得到 7 倍的快递费的赔偿。因此法院的判决是正确的。

(三)温馨提示

1. 寄件时要认真阅读电子运单条款，对双方的权利义务和责任做到心中有数，做出合理的预期。

2. 如果托运的是贵重物品，务必在快递时选取保价，否则即便权益受损，也很难维权。

拓展思考

10-4 拓展思考参考答案

2018 年 5 月，李大妈给在外地上大学的儿子购买了一部价值 5000 元的手机，通过快递公司给儿子寄过去。邮寄时，快递员询问李大妈是否保价，李大妈回答不用，付了 10 元的快递费用。10 天后，儿子还没有收到手机，经物流公司查询，手机在快递过程中丢失。李大妈要求快递公司予以赔偿，快递公司拿出带有李大妈签名的快递单，快递单的正面印有"请确定寄送物品单件价值不超过 5 万元，贵重物品务必保价，未保价物品的赔偿额为所付邮费的三倍"的字样。快递公司同意赔付李大妈所付快递费用 10 元的三倍，即 30 元。李大妈不同意，双方协商不成，故李大妈向当地工商部门投诉。你认为李大妈的赔偿要求能得到支持吗？

四、网购商品的质量问题

(一)案情简介

大潘通过淘宝上的一家手表专卖店购买了一款欧米茄手表。经检测，该手表为赝品。大潘要求网店退还价款，并给予三倍赔偿。网店承认手表非正品，愿意退款退货，但不同意三倍赔偿。于是大潘以淘宝网店构成欺诈，而淘宝作为网络交易平台提供者，疏于监管为由，将淘宝网店和淘宝公司一并诉至法院，要求退货退款并给予三倍赔偿。大潘的要求合法吗？

（二）法理分析

这是一个消费者权益受侵害的案件。

大潘同时向网店和淘宝公司索赔，合法吗？根据《中华人民共和国消费者权益保护法》第四十四条规定："消费者通过网络交易平台购买商品或者接受服务，其合法权益受到损害的，可以向销售者或者服务者要求赔偿。网络交易平台提供者不能提供销售者或者服务者的真实名称、地址和有效联系方式的，消费者可以向网络交易平台提供者要求赔偿；网络交易平台提供者做出更有利于消费者的承诺的，应当履行承诺。网络交易平台提供者赔偿后，有权向销售者或者服务者追偿。网络交易平台提供者明知或者应知销售者或者服务者利用其平台侵害消费者合法权益未采取必要措施的，依法与该销售者或者服务者承担连带责任。"大潘显然有权向销售者索赔，而淘宝公司只有在"不能提供销售者或者服务者的真实名称、地址和有效联系方式的"或"明知或者应知销售者或者服务者利用其平台侵害消费者合法权益未采取必要措施"时才承担连带责任，实践中要证明淘宝存在这两种过错非常困难，诉讼请求不会得到法院支持。

大潘要求店家退一赔三，是狮子大开口的敲诈吗？《中华人民共和国消费者权益保护法》第五十五条规定："经营者提供商品或者服务有欺诈行为的，应当按照消费者的要求增加赔偿其受到的损失，增加赔偿的金额为消费者购买商品的价款或者接受服务的费用的三倍；增加赔偿的金额不足五百元的，为五百元。法律另有规定的，依照其规定。"本案中店家将假表冒充真表销售，构成欺诈，大潘要求退一赔三，于法有据，应该得到法院的支持。

如果大潘买到的是不合格的食品或药品，那销售者还要承担价款十倍的赔偿责任。《中华人民共和国食品安全法》第一百四十八条规定："生产不符合食品安全标准的食品或者经营明知是不符合食品安全标准的食品，消费者除要求赔偿损失外，还可以向生产者或者经营者要求支付价款十倍或者损失三倍的赔偿金；增加赔偿的金额不足一千元的，为一千元。但是，食品的标签、说明书存在不影响食品安全且不会对消费者造成误导的瑕疵的除外。"

（三）温馨提示

（1）网购平台上商品琳琅满目，价格实惠，但其中也充斥着各种假冒伪劣产品。购物时一定要多加比较，仔细甄别，不购买三无产品，切不可贪图便宜，否则会吃大亏。

（2）买到有问题的商品要保存好证据，敢于拿起法律武器，主张自己的正当权益。

拓展思考

2016 年，刘某在一个月内多次在一家淘宝店中购买我国禁止进口的日本奶粉，且在同一时间段在别的淘宝店铺大量、反复购买相同或相似的奶粉，然后要求退款并要求卖家支付货款十倍的赔偿金，遭到卖家的拒绝。于是，刘某将卖家起诉到法院，最后法院驳回了刘某的诉讼请求。这是什么原因呢？

10-5 拓展思考参考答案

第二节　网络侵权法律风险及其应对

一、网购商品的侵权责任问题

（一）案情简介

媒体报道，陕西省渭南市华州区 21 岁女孩小芳被自己网购的银环蛇咬伤，她进行了包扎并贴上创可贴，之后感到身体不适才告诉家人，被家人送到医院。后经相关专家多方评估，宣布小芳已脑死亡。这则新闻一出，便在网上掀起一波讨论热潮：剧毒活蛇竟能在网上顺利买卖，到底是女孩无知，还是卖家恶意经营？是平台监管不力，还是快递审核大意？女孩死亡的责任应该由谁来承担呢？

（二）法理分析

这是一例动物致人死亡的侵权案件，牵涉小芳本人、卖家、销售平台和快递公司四方主体，谁该对小芳的死负责？首先来分析小芳自身的责任，小芳是已成年的完全民事行为能力人，应该了解饲养剧毒蛇的危险性，仍然甘冒风险导致危害结果的发生，自身有重大过失，应当承担主要责任。卖家违反《中华人民共和国陆生野生动物保护法》等相关规定，违法销售野生动物，对损害后果的发生难辞其咎。销售平台疏于监管，放纵店铺的违法销售行为，应当承担相应责任。《中华人民共和国邮政法实施细则》第三十三条有规定禁止寄递或在邮件内夹带各种活的动物。快递公司未尽到审核义务，导致毒蛇被违法托运，也要承担相应责任。因此小芳死亡的责任应当由四方一起承担。小芳本人承担主要责任，其次是卖家，然后是平台和快递公司。

（三）温馨提示

网购时请确认商品是否属于禁止销售、限制销售的物品，是否为禁运品，切莫网购违禁物品，既容易蒙受损失，还有违法犯罪的风险。

拓展思考

10-6 拓展思考参考答案

张某是一家旅游公司导游，经常带团去日本。每次去日本前，她都会在朋友圈发帖为微信好友代购。李某于是委托张某帮忙代购两瓶护肤精华露。张某回国后将化妆品交给李某，不料李某使用后皮肤过敏溃烂，李某找到张某交涉要求赔偿治疗费用，张某声称她只是帮忙购买，拒绝承担费用。张某的说法在法律上能成立吗？

二、个人信息保护问题

(一)案情简介

徐某在给人打工时发现了一个发财的商机——出售个人信息。于是，徐某利用搜索软件在网络上搜索收集个人的公开信息。这些搜索软件功能强大，能从互联网上搜集整合如姓名、电话等大量公民个人信息，还能对信息进行分类整理。徐某将搜集的个人信息向各类企业兜售，短短一年间，徐某雇用他人通过拨打客户电话的方式出售公民个人信息 1600 多万条，获利逾 100 万元。当徐某生意正做得风生水起时，被警察注意到了，但徐某认为自己一没偷二没抢，采集的信息都来源于公共网络，不构成违法。收集出售个人信息的行为是否触犯法律？

(二)法理分析

《中华人民共和国民法典》规定：个人信息是以电子或者其他方式记录的能够单独或者与其他信息结合识别特定自然人的各种信息，包括自然人的姓名、出生日期、身份证件号码、生物识别信息、住址、电话号码、电子邮箱、健康信息、行踪信息等。自然人的个人信息受法律保护。处理个人信息应当遵循合法、正当、必要原则，不得过度处理，并符合下列条件：(一)征得该自然人或者其监护人同意，但是法律、行政法规另有规定的除外；(二)公开处理信息的规则；(三)明示处理信息的目的、方式和范围；(四)不违反法律、行政法规的规定和双方的约定。

徐某等人通过软件在网络上搜索公开信息并加以整理是一种危害相对较小的行为，但加以出售牟利显然已经违反了合法、正当和必要的原则，是对他人个人信息权益的侵犯。而且徐某等人大量出售个人信息，牟取不义之财，也触犯了《中华人民共和国刑法》。《中华人民共和国刑法》规定：违反国家有关规定，向他人出售或者提供公民个人信息，情节严重的，构成侵犯公民个人信息罪。徐某等人的行为已经构成了侵犯公民个人信息罪，最终受到法律的严惩。

(三)温馨提示

(1)大学生应当加强个人信息保护的意识。手机不安装来路不明的软件，不在网络生活中轻易留下真实信息，保管好身份证、户口本等个人信息凭证，警惕别有用心之人通过促销、问卷、抽奖等各种活动采集个人信息。

(2)树立维权意识，抵制各种非法收集、加工、提供个人信息的行为，主动维权。

拓展思考

2020 年 12 月 7 日，成都一女孩因为新冠肺炎核酸检测阳性，在官方每日疫情通报中，以匿名的方式公布了她的活动轨迹，女孩因此被人肉搜索，其真实姓名及身份证号码、住址等隐私全都被公布在网上，被网友难听地辱骂攻击。那么官方公布女孩的活动轨迹，随后被网友公开她的真实信息，网友的这种做法是违法的吗？

10-7 拓展思考参考答案

三、网络知识产权问题

(一)案情简介

在淘宝上开店的大潘碰到了一件让他惊疑不定的事情。一大早“阿里旺旺”里一个陌生人的头像闪烁了起来，以为生意上门的大潘迫不及待地打开信息，却被当头浇了一盆凉水。上门的不是生意却是一桩麻烦，陌生人发送的信息居然是：“您家店铺在使用我们的某某字体，我们的字体个人非商业使用是免费的，如果用于商业发布或者店铺装修就是要收费的，您家现在是侵权使用，对此我们特来告知沟通。”大潘一看，莫不是遇上骗子了吧。网站使用的字体受知识产权保护吗？

(二)法理分析

《中华人民共和国著作权法》保护各种具有独创性的智力成果，范围有：

(一)文字作品；

(二)口述作品；

(三)音乐、戏剧、曲艺、舞蹈、杂技艺术作品；

(四)美术、建筑作品；

(五)摄影作品；

(六)电影作品和以类似摄制电影的方法创作的作品；

(七)工程设计图、产品设计图、地图、示意图等图形作品和模型作品；

(八)计算机软件；

(九)法律、行政法规规定的其他作品。

本案中的计算机字体是不是《中华人民共和国著作权法》的保护对象？答案是肯定的。形形色色的字体因其不同的表达风格或式样体现了设计的独创性，而在法律上被视为美术作品，受到《中华人民共和国著作权法》的保护，出于商业目的使用他人字体，依法需要得到著作权人许可。因此大潘未经字体开发商的许可，为经营的需要，擅自使用字体用于网店装修，侵犯了他人的著作权。

那人们平常在电脑上使用各种文字编辑打印文档是否也侵犯了字体设计人的著作权？这不能一概而论。

《中华人民共和国著作权法》规定了以下例外情况，可以不经著作权人许可，不向其支付报酬免费使用作品，但应当指明作者姓名、作品名称，并且不得侵犯著作权人依照本法享有的其他权利：

（一）为个人学习、研究或者欣赏，使用他人已经发表的作品；

（二）为介绍、评论某一作品或者说明某一问题，在作品中适当引用他人已经发表的作品；

（三）为报道时事新闻，在报纸、期刊、广播电台、电视台等媒体中不可避免地再现或者引用已经发表的作品。

因此，如果出于个人学习的需要，比如大学生为了完成作业，为了撰写论文等学习目的，使用他人发布的字体是合法的。

（三）温馨提示

1. 使用他人作品需要区分商业使用和个人免费使用。如需商业使用又不想花钱，互联网上也有很多好看的免费字体。

2. 即便是合法的免费使用，也要尊重著作权人的合法权利，应当指明作者姓名、作品名称和其他合法权利。

拓展思考

10-8 拓展思考参考答案

2014 年，网易起诉华多公司通过 YY 游戏直播网站等平台，直播、录播、转播《梦幻西游》游戏内容，侵害著作权及不正当竞争，请求判令华多公司停止侵权、赔礼道歉和赔偿 1 亿元等。华多公司认为，游戏连续动态画面不构成作品，游戏直播应是一种合理使用行为，不构成侵权。双方对簿公堂引起法律界热议，经过二审终审，华多公司以败诉告终。

第三节　互联网下经济金融纠纷的证据问题

一、案情简介

大潘在网超的一家品牌旗舰店是看中了一款名牌皮包，在选购时特别注意到这家网店标注了“绝对正品，假一罚十”的字样。大潘认为既然是商城中的旗舰店，又承诺为“绝对正品”，也就放心付款购买了。但等所购包寄到之后，大潘发现皮包做工非常粗糙，味道刺鼻，就把皮包拿到当地商场的品牌专卖柜台去询问，售货员回答说可能是假的。于是，大潘找品牌旗舰店交涉，旗舰店客服人员称皮包是正品无疑，便不再理睬大潘。万般无奈之下，大潘决定通过法律手段维护自己的权利。可是大潘怎么证明手里的皮包就是在这家旗舰店买的，而不是“调包”了呢？

二、法理分析

俗话说，“打官司，就是打证据”。大潘为确保维权成功，就需要证明假货确实购自这家品牌旗舰店。双方的交易记录能证明交易关系，但无法证明此包就是彼包。为此，大潘咨询了律师，律师建议他对证据进行保全。证据保全是在证据可能灭失或者以后难以取得的情况下，执法机关根据当事人的请求或者依照职权主动采取的对证据加以固定的调查取证措施。我国证据保全的法定机构是人民法院和公证机关，于是大潘找到公证处申请证据保全。由于大潘原来的购买行为已经结束，无法对已经发生的事实进行保全，公证员建议大潘再行购买一次该商品，并对此进行全程的记录和公证。随后，大潘在公证处使用公证员提供的联网电脑，登录网超，在上次购物的旗舰店购买了同款皮包，公证员监督了整个操作过程，并通过屏幕录像软件、摄像机、页面存盘打印等多种技术手段，对操作过程进行全程取证保全。按照公证员的要求，大潘在填写收件人地址时，填写了公证员可以控制的地址，由公证员收取邮件，并由公证员在收取邮件后及时进行封存，用于诉讼时作为证据提交给法庭。

在网络购物、网络侵权纠纷中能否维权成功取决于当事人的举证能力，但是这些案件中的关键证据往往以电子数据的形式储存于网络空间，包括手机短信、传真件、电子邮件、网页、聊天记录、访问记录等数据电文。电子证据存在虚拟性、脆弱性、易篡改性的缺陷，发生纠纷时如果不能及时固定保存证据，很有可能被对方湮灭或篡改证据，导致举证不能而维权失败。在一个案件中，某自媒体收到一封电子邮件：“你注册的企业公众号使用了本公司拥有著作权的图片，应当赔偿本公司5000元，否则本公司将诉诸法律。”公众号的主人迅速删除了相关图片，对方因为没有提前保存证据，导致维权失败。

针对电子证据的特殊性，有哪些保存方式呢？

1. 自行存证

通过拍照、截图、下载等方式保存数据电文。这种方式操作简便，成本低廉。但用这种方式取得的证据能力和证明力都比较弱，不易被执法机构采信。

2. 公证存证

公证是指国家公证机关根据当事人的申请，对法律行为、有法律意义的文书和事实的真实性及合法性予以证明的活动。公证制度作为一项预防性司法证明制度，是国家司法制度的重要组成部分。公证因其法定性、权威性而具有很高的公信力，实践中对其本身的效力问题较少质疑，容易被法院采信。在互联网时代，公证机构还开发了电子公证的全新工作模式，对于不需要工作人员亲临现场的公证，可通过运用电子公证技术开发的 App、小程序抑或是网页，保证公证机构的公证人员全程参与。与传统公证方式相比，网络公证有着便民高效、费用低廉的优点。本案中大潘就是利用公证存证的方式固定了有利证据，维护了自己的合法权益。

3. 时间戳存证

电子数据保全中心可以按用户要求安全托管电子数据，并对电子数据进行有效的保全。用户一旦需要证明该电子数据没有被修改，具有客观真实性，便可以向电子数据保全中心提交保全证书申请认证。电子数据保全中心可以通过原来存储的保全函数值和时间戳科学地得到该电子数据有无修改、是否为原始客观的电子数据。有了这些经过科学证明的电子数据，用户也就可以证明电子数据的客观真实性，以有效地预防或解决纠纷。目前常见的时间戳为联合信任时间戳服务中心提供的时间戳服务。由联合信任时间戳服务中心签发一个电子证书，可以在不获取电子数据内容的情况下证明数据的存在性和完整性，可以有效防范数据伪造和篡改。和公证相比，它的费用要低廉很多，也更方便，只需要在网络上按要求操作即可，但其证明力仍在公证之下。

4. 区块链存证

区块链是一种由多方共同维护，使用密码学保证传输和访问安全，实现数据一致存储、难以篡改、防止抵赖的记账技术。通过自动抓取、秒级上链、源代码和操作日志等可实现回溯。区块链多节点见证、防篡改的技术特点，可证明证据的真实性。2018 年 6 月，杭州互联网法院宣布上线全国首个电子证据平台。平台可以与其他电子数据之间实现无缝对接，第三方数据持有者（如淘宝、京东等电商平台、互金平台、理财平台）、第三方数据服务提供商（如运营商平台、电子签约平台、存证机构平台）等提供的电子数据可以同步传输到电子证据平台，保存在电子证据平台的“数据身份证”还会与电子数据原文进行自动比对，判断电子证据后期是否有过篡改，以此确保电子证据的真实性，使得证据的收集、固定、传输和运用更加便捷和高效。

三、温馨提示

无论是索赔还是诉讼，成败的关键是证据。赢在证据，就要有证据意识。在民商事活动中尽量保留各种证据材料，当纠纷发生时，就能够以这些证据来呈现当时的客观事实，维护合法权益。

拓展思考

10-9 拓展思考参考答案

小熊向大潘借款 3000 元不还。2016 年 6 月，大潘向法院提起诉讼，称小熊借款，已经逾期，经多次催讨无果，请求法院依法判决小熊归还借款。张某向法院提供了一张借条作为证据。在庭审过程中，小熊答辩称：借款早已归还，由于还款时大潘称借条不在身边，当时未取回借条，因两人平常关系不错，他也没当一回事，没有继续追要借条。后来两人交恶，大潘为报复自己，以借条为据实施敲诈。小熊还当庭展示了手机上储存的大潘发送的短信，其内容为：“借款已经结清，借条过两天还给你，请放心。”本案谁是谁非？

本章习题

2017 年 8 月 18 日上午 9 点 40 分，随着法官王江桥敲响法槌，杭州互联网法院揭牌成立以来第一次庭审正式开始。这是一起侵害作品信息网络传播权纠纷案，原告是小说《后宫甄嬛传》作者吴雪岚，被告是广州网易计算机系统有限公司及网易（杭州）网络有限公司。

与别的法庭不同，这是一个不设原告和被告席的法庭，法官面对的是一个大屏幕及远程视频设备，而双方当事人分别在杭州和北京，通过远程视频参加开庭。法官的法桌上放着的也不再是一本本纸质材料，而是平放着的两台电脑，方便法官从网上诉讼平台查阅案件资料。这次庭审过程非常顺利，大约 20 分钟，原被告同意进行调解。

请谈谈互联网法院的创新与作用。

10-10 本章习题答案

第十一章　互联网金融与科技创新

互联网金融是金融与科技的有机结合。它的本质虽然是金融，但是科技的进步会给金融的业态和效率带来极大的改变，以人工智能、大数据、区块链、生物识别为代表的新科技使互联网金融进一步向前迈进。

11-1 大数据的生活运用

第一节　大数据及其经济金融运用

大数据分析给使用者带来的不仅仅是效率的提升，还有关于决策的支持和差异化竞争。利用大数据分析技术，商家可以定位客户的行为，利用客户个性化将产品推广出去。同时商家也可以通过大数据分析了解客户要求，按照客户需求开发产品。大数据分析还可以降低企业运营成本、降低风险投资、节省企业时间、预防欺诈、提供自助解决方案等。金融行业的数据大多数来源于客户自身信息及其金融交易行为，大数据分析在金融领域有着广泛的用途。

一、客户信息数据及其运用

客户信息数据是金融大数据的基础数据，主要是指描述客户自身特点的数据，包括个人客户信息数据和企业客户信息数据。个人客户信息数据包括：个人姓名、性别、年龄、身份信息、联系方式、职业、生活城市、工作地点、家庭地址、所属行业、具体职业、收入、社会关系、婚姻状况、子女信息、教育情况、工作经历、工作技能、账户信息、产品信息、个人爱好等。企业客户信息数据包括：企业名称、关联企业、所属行业、销售金额、注册资本、账户信息、企业规模、企业地点、分公司情况、客户和供应商、信用评价、主营业务、法人信息等。

金融业的这些信息来源于多个系统，包括：客户管理系统、核心银行系统、贸易系统、保理系统、融资管理系统、信息卡系统、信贷管理系统等。金融机构应将这些割裂的数据整合到大数据平台，形成全局数据，并对所有客户数据进行整合，按照自身需要进行归类和打标签。由于都是结构化数据，因此有利于数据分析。

金融行业可以将这些信息集中在大数据管理平台，对客户进行分类，依据其他的交易数据，进行产品开发和决策支持。例如，可以依据客户年龄、职业、收入、资产等，针对部分群体推出信用消费、抵押贷款、教育储蓄、投资产品、养老产品等，为客户提供针对人生不同阶段的金融服务；也可以检验已有产品的占有率、推广效果，以及采集客户的自身产品需求。企业客户也是同样道理，没有数据分析之前，产品开发依赖于产品经理自身能力和风险偏好，或者模仿行业其他竞争对手的产品；有了数据分析之后，管理层可以决定推出何种产品，了解到产品实际销售情况，针对特定用户进行推广，降低营销费用，有利于降低风险。因此客户信息数据主要用于精准营销、产品设计、产品反馈、降低风险等。

二、交易信息数据及其运用

交易信息也可以称为支付信息，主要是指客户通过渠道发生的交易及现金流信息。个人客户交易信息包括：工资收入、其他收入、个人消费、公共事业缴费、信贷还款、转账交易、委托扣款、购买理财产品、购买保险产品、信用卡还款等。企业客户交易包括：供应链应收款项、供应链应付款项、员工工资、企业运营支出、同分公司之间交易、同总公司之间交易、税金支出、理财产品买卖、外汇产品买卖、金融衍生产品购买、公共费用支出、其他转账等。

这些信息大多存在于金融机构渠道系统中，如网上银行、卡系统、信用卡系统、贸易系统、保理系统、核心银行系统、保险销售平台、外汇交易系统等。这些交易数据容量巨大，必须借助于大数据技术进行分析，形成全局数据和整体数据。

金融机构可利用这些数据对个人消费者进行消费行为分析，开发产品，提供金融服务。同时也可以利用这些数据提供供应链金融服务，建立自己的商品交易生态圈。金融机构也可以依据交易数据为企业提供贸易融资或设备融资服务。整合后的数据可以用于金融机构对企业的信用评价，交易数据可用来进行风险管理，提前介入风险事件，降低债务违约风险。现金流和支付信息数据量很大，如果大批量采用将会造成效率下降，因此对商业需求的了解将是进行大数据分析的关键，有效地进行数据分类和取舍将会帮助金融机构高效利用大数据技术。金融机构在采集和使用交易数据时，其采用哪些数据，通过何种形式展现，对数据分析报告输入维度和权重具有极大的挑战性。

三、资产信息数据及其运用

资产信息主要是指客户在银行端的资产和负债信息，同时也包含银行自身资产负债信息。个人客户资产负债信息包括：购买的理财产品、定期存款、活期存款、信用贷款、抵押贷款、信用卡负债、抵押房产、企业年金等。企业客户资产负债信息包括：企业定期存款、活期存款、信用贷款、抵押贷款、担保额度、应收账款、应付账款、理财产品、票据、债券、固定资产等。银行自身端资产负债信息包括：自身活期存款、定期存款、借入负债、结算负债、现金资产、固定资产、贷款证券投资等。

资产数据主要来源于核心银行系统和总账系统，资产数据可以用于银行完整的风险视图，帮助银行进行有效风险管理。通过资产数据的集中整合，针对每一个企业客户或个人客户，银行可以有效快速地对客户进行风险评估和风险管理，提高客户体验，并结合现金流、交易数据及供应链数据为客户提供定制的理财产品或贷款产品。银行也可以利用自身资产负债信息来提高资金利用率，通过调整资产负债来降低资金成本、提高资本收益。银行还可以对客户及自身资产负债配置信息进一步分析，通过调整产品来解决存款和贷款之间的时间匹配问题，从而降低流动性风险、提高资金利用效率。资产信息主要用于银行自身风险管理和资本效率提升，同时也可以帮助银行通过产品推广来合理调整资产负债及提高自身赢利能力。

四、其他信息数据及其运用

除了上述三大类银行自身的数据外，银行在进行大数据分析时通常还需要从其他渠道获得数据。例如，银行可以采用同大数据厂商合作的方式，通过自身平台来采集数据或购买第三方数据。银行进行大数据分析时需要的其他数据主要有以下几类。

(一)行为数据

行为数据是指关于机体的行为和行为发生时环境的观察报告，可分为线下行为数据和线上行为数据。线下行为数据收集困难，记录复杂，信息有限，一般较少使用。线上行为数据主要是指相关主体在互联网上的行为数据，包括 App 应用使用习惯、点击量，社交媒体和社交网络的用途和使用频率，电商平台的消费数据等。银行可以通过购买等途径获得客户(含潜在客户)的行为数据从而为产品设计、市场营销、风险管理等提供数据支持。

(二)位置信息

位置数据是指关于机体所处位置及其周边环境的信息。商业银行需要的位置信息主要是指银行客户使用的移动设备位置信息、客户自己所处的地理空间数据等，包括其多频率的位置往返数据。通过对位置信息的分析，银行可以发现客户的需求，从而进行精准营销。例如，对于频繁现身于楼盘展销、汽车展销场所的客户及时推送房贷及大额消费品贷款信息，对于身处大型商圈的客户结合商家推出的优惠活动推送信用卡消费服务等。

(三)供应链数据

供应链数据主要是指企业同上下游企业之间的商品或货物的交易信息。银行自身无法充分获知企业供应链数据，需要与阿里、京东等电商平台合作获得。银行需要对客户(含潜在客户)供应链数据进行深入整理分析，包括购销渠道、成交数量、单价、金额、交易方式、行业发展趋势、宏观经济形势等，了解客户金融需求，为产品开发、风险管理提供决策支持。

11-2 生活中的大数据

第二节 区块链技术及其现实应用

一、区块链技术概述

区块链本质上是一种分布式数据库，不仅体现为数据的分布式存储，而且还体现为数据的分布式记录。因此，区块链技术概括起来是指通过去中心化和去信任的方式集体维护一个可靠数据库的技术。区块链是一个共享数据库，通过大家共同参与记录信息、存储信息，使存储于其中的数据或信息具有“去中心化”“非对称加密”“不可伪造”“全程留痕”“可以追溯”“公开透明”“集体维护”等特征。基于这些特征，区块链技术奠定了坚实的“信任”基础，创新发展了可靠的“合作”机制，让互不信任的人，在没有权威中间机构的统筹下，还能愉快地进行信息互换与价值互换，因此具有广阔的运用前景。

二、区块链技术在金融领域的应用

区块链技术完整记录、高度透明和不易篡改的方式可以极大降低整个金融系统的运营成本和风险，因此在金融领域有广泛的应用。区块链技术在金融领域典型的应用包括比特币、莱特币等数字货币，以及更加安全公开的分布式记账系统、支付清算系统等。发达国家的投资银行、商业银行、证券交易所、经纪商等金融机构，纷纷开始在跨境支付、证券交易记录等领域推进区块链技术的应用探索。

(一)数字货币

数字货币是一种基于节点网络和数字加密算法的虚拟货币，具有以下三方面特征：一是通常没有发行主体，任何人或机构不能控制它的发行；二是总量固定，从而在根本上消除由于滥发导致通货膨胀的可能；三是交易过程得到网络中的各个节点认可，因此交易过程足够安全。与传统结算方式相比，数字货币交易具有以下三个特点：一是由于不需要向第三方支付费用，交易成本更低；二是无须集中清算，交易处理速度更快捷；三是支持远程点对点支付，具有更高的匿名性。比特币是目前运用区块链技术最广泛、最成功的典型，在比特币基础上，又衍生出了如莱特币等大量其他种类的去中心化数字货币。

(二)支付清算

传统商业贸易的交易支付、资金清算往往需要借助银行体系，通常要经过开户行、对手行、清算组织、境外银行等多个机构，处理流程较为烦冗，手续费等交易成本较高。而利用数字货币和区块链技术打造的点对点支付方式则可以省去许多中间环节，不但可以实现实时清算和减少交易费用的目的，也有助于降低资金风险。当前，基于区块链技术的 Ripple 支付体系已经开始了实验性应用，有希望彻底改变支付结算，使其像通信一样便利——全球性、分布式、即时到账并且免费。

（三）数字票据

传统纸质票据广泛存在假票、划款不及时、票据中介扰乱市场、管理混乱等问题，使得信息不透明、高杠杆错配、违规交易等现象层出不穷。而融合区块链技术优势的数字票据则成为一种更安全、更智能、更便捷的票据形态。数字票据具有以下特征：一是点对点交易，去中心化；二是具有不可篡改的时间戳和全网公开的特性，可以有效防范虚假票据风险；三是不需要中心服务器，降低成本，减少系统中心化带来的运营风险和操作风险。例如，成立于 2015 年 9 月的 R3CEV 区块链联盟，至今已吸引了包括中国平安银行、富国银行、美国银行、纽约梅隆银行、花旗银行等在内的 50 多家巨头银行参与。同时，国内金融机构也开始布局区块链技术应用，如 2017 年 1 月中国人民银行发布数字票据应用平台。

（四）信贷管理

商业银行开展信贷业务的一项重要基础工作是对贷款申请人的贷款用途、信用状况和还款能力等进行审查。传统方式是商业银行通过央行征信系统审查贷款申请人的信用状况，以及评价其还款能力。但这一方式往往存在信息不完整、更新不及时等问题，导致信贷管理效率低、运营成本高。相较于传统征信管理模式，区块链的优势在于依靠程序算法自动记录贷款申请人信用相关信息，并存储在区块链网络的每一台计算机上，信息透明、不可篡改、获取方便、使用成本低。因此，区块链技术发展改变了商业银行信贷管理的模式。

（五）权益证明和交易所证券交易

在区块链系统中，交易信息具有多点记录、永久保存和不易篡改的特性，这些属性可充分满足权益确权的要求。对于房产所有权、车辆所有权、股权交易等需要永久性存储的交易信息记录，区块链是至今为止最理想的解决方案。区块链技术在证券发行和交易、清算和结算，以及客户管理方面都有适用的可能性，并且在降低成本、提高效率方面都具有显著优势。目前，欧美各大金融机构和交易所纷纷开展区块链技术在证券交易方面的应用研究。例如，纳斯达克 Linq 利用区块链改造私有股权交易平台，替代原来经常采用的纸质和电子表格的记录方式，大大提高了交易和管理的效率和透明度。

（六）保险管理

随着区块链技术发展，关于个人健康状况、财务状况、发生事故记录等信息被及时上传至区块链中且永久保存难以更改，保险公司在客户投保时可以更加方便、及时、准确地获得风险信息，从而降低核保成本、提升工作效率。区块链的共享透明特点可以降低信息的不对称性，从而降低逆向选择风险；而其可追溯性的特点，则有利于减少道德风险。

区块链所具有的唯一性、时间戳、可回溯、不可篡改等特征，使得保险公司的核赔变得既简单又迅速。另外，区块链技术发展使得保险公司和客户联系更加直接，大大减少了保险佣金和渠道费用，进而降低保险的管理难度和管理成本。

(七)金融审计

由于区块链技术能够保证所有数据的完整性、透明性、永久性和安全性，因而可提高数据的可审计性，有效解决传统审计行业普遍存在的交易取证、追踪、关联、回溯等方面的难点和痛点，可大幅降低审计风险和成本。区块链技术的分布式记账和数据统一验证存储，方便了数据比对，使得全程动态跟踪审计成为现实，在助力防范系统性金融风险方面可以发挥更大的作用。

11-3 小知识测试

第三节　人工智能及其经济金融运用

当前，新一代人工智能相关学科发展、理论建模、技术创新、软硬件升级等整体推进，引发链式突破，推动经济社会各领域从数字化、网络化向智能化加速跃升。2017 年 7 月，国务院发布《新一代人工智能发展规划》，提出建立金融大数据系统，提升金融多媒体数据处理与理解能力；创新智能金融产品和服务，发展金融新业态；鼓励金融行业应用智能客服、智能监控等技术和装备；建立金融风险智能预警与防控系统。因此，人工智能发展将对我国金融业的转型升级、提升竞争力产生深远影响。

11-4 聚焦人工智能

一、人工智能概述

(一)定义

人工智能的英文是 artificial intelligence，其英文缩写为 AI。它是一门研究、开发用于模拟、延伸和扩展人类智能的理论、方法、技术及应用系统的前沿技术科学。人工智能是计算机科学的一个分支，它企图了解人类智能的实质，并生产出一种新的能以人类智能相似的方式做出反应的智能机器，该领域的研究包括语言识别、图像识别、自然语言处理、情景感知和智能机器人等。人工智能从诞生之日起，其理论和技术日益成熟，应用领域也不断扩大。

(二)主要技术及应用

人工智能技术应用的细分领域包括深度学习、计算机视觉、语音识别、实时语音翻译、情境感知计算、手势控制、推荐引擎、智能机器人、虚拟个人助理等。

1. 深度学习

深度学习是指计算机应用通过一次又一次的“学习”，不断更新算法，最终超过人类的表现。例如，由谷歌(Google)旗下 DeepMind 公司戴密斯·哈萨比斯领衔的团队基于深度学习技术开发的阿尔法围棋(AlphaGo)，是第一个击败人类职业围棋选手、第一个战胜围棋世界冠军的人工智能机器人。

2. 计算机视觉

计算机视觉是指利用摄像头代替人眼对目标进行识别、跟踪和测量，并通过计算机进一步做图形处理，使处理后的图形更适合人眼观察或传送给仪器检测。我们熟知的人脸识别技术，就是一个典型的计算机视觉技术。计算机视觉技术近年来发展迅速，已经越来越多地应用到人们的生活当中，如美颜相机、支付宝人脸支付、人脸闸机、无人停车场等。

3. 语音识别

语音识别技术是指对语音信息进行识别、认知和处理，并将其转化为文字的过程。语音识别的主要用途包括语音书写、电脑系统声控、电话客服、语音命令输入等。

4. 实时语音翻译

人工智能通过整合神经网络语言识别技术、机器翻译技术、语音和聊天技术等实现实时语音翻译，人类语言沟通障碍有望彻底打破。例如，微软公司发布的最新一代翻译软件应用“Microsoft Translator”，可以实现多种语言间的翻译交流。实时语音翻译有着广泛的应用前景，如国际旅游团的导游向使用不同语言的各国游客介绍景点，在陌生的国度乘车时与司机进行实时对话，参加使用不同语言的国际性会议等。

5. 情境感知计算

情境感知计算就是通过传感器及相关技术使计算机设备能够“感知”到当前所处的位置和情境，从而了解用户的需求和行为动机等，为用户提供主动推送式服务。例如，当人们外出旅游时，具有情境感知计算能力的应用就能起到旅游指南的作用，根据用户所在的地理位置和偏好，预测客户需求，将该地点邻近的景点、酒店、停车场、厕所、特色小吃等信息推送给用户。

6. 手势控制

手势控制是指人手不需要直接接触机器，而是在空中做出相应的姿势变化，继而控制机器做出相应的动作。手势控制目前在车载环境中已有较多应用，在司机与中控系统的互动中，用手势控制的方式代替原有的按键控制，可以增加司机行车的安全性。另外，在智能家居上，取代语音控制方式，通过手势识别实现家居的智能控制，未来这也将是一个大的应用场景。还有智能穿戴、家庭娱乐、VR 内容交互等方向都会有一些手势识别技术的应用空间。

7. 引擎推荐

引擎推荐是基于用户的行为、属性(用户浏览网站产生的数据)，通过算法分析和处理程序，主动发现用户当前或潜在需求，并主动推送相关信息给用户的信息网络技术。引擎推荐可以快速推荐给用户有用信息，从而提高浏览效率和转化率。

8.智能机器人

一般认为，智能机器人至少要具备以下三个基本要素：一是感觉要素，用来辨识、分析周围环境状态，以及接收指令；二是思考要素，根据感觉要素所获得的信息或指令，思考应采取的动作；三是运动要素，基于思考要素对外界做出反应性动作。目前，智能机器人的应用越来越广泛，如消费品加工制造、仓储物流、外科手术及医疗康复、楼宇及室内配送、大厅引导服务、智能陪伴及情感交互等。

9.虚拟个人助理

虚拟个人助理是一种依托网络和计算机终端设备对人们的需求有深层理解、功能强大且能提供个性化服务的软件应用。虚拟个人助理通常通过接收信息（指令）、自动分析搜索、执行任务三步向人们提供助理服务，最优化地满足人们的需求。例如，苹果手机用户可以利用Siri（苹果智能语音助手）读短信、介绍旅游景点、询问天气变化、语音设置闹钟等。

总之，人工智能作为新一轮产业转型升级的核心驱动力，有着广泛的应用前景。它能够融入社会经济的各个方面，进一步释放历次科技革命和产业变革积蓄的巨大能量，并创造新的强大引擎，形成从宏观到微观各领域的智能化新需求，重构投资、生产、分配、交换、消费等经济活动各环节。人工智能不断催生新技术、新工艺、新产品、新产业、新业态、新模式，引发经济结构重大变革，深刻改变人类的生产、生活方式和思维模式，实现社会生产力的整体跃升。

二、人工智能在金融领域的应用

目前，人工智能技术在金融领域应用的范围较广，主要集中在身份识别、量化交易、投资顾问、客服服务、风险管理等方面。

（一）客户身份识别

在金融服务领域客户身份识别具有极端重要性，是金融业风险控制的必要前提。传统客户身份识别通常是通过比对客户身份证、印鉴、签名等方式实现，工作效率低，有效性差。人工智能客户身份识别主要是通过计算机人脸识别、虹膜识别、声音识别、指纹识别等生物识别技术快速提取客户特征并进行高效身份验证。目前生物识别技术已广泛应用于银行柜台联网核查、远程开户、VTM机自助开卡、支付结算、业务授权、反欺诈管理等业务领域中，有效缩短了客户等待时间，提高了办事效率。

（二）智能量化交易

量化交易是指借助现代统计学、运筹学等技术方法，通过对财务数据、交易数据和市场数据等进行建模分析，利用计算机和网络技术进行自动交易的证券投资方式。传统量化交易模型往往是静态的，无法对瞬息万变的市场做出及时反应，因此往往效果不佳。而智能量化交易则会在市场进一步发展之前观察到市场异常，而且交易策略本身会随着信息的变化而动态变化。系统会研究这些因素在历史层面上的相关性，并且学习到一种成千上万个预测模型的集合，这些预测模型能够给出很好的预测结果。

（三）智能投顾

智能投顾是以算法驱动为技术基础，利用数字化、自动化财务规划服务平台，根据投资者的风险偏好、财务状况与理财目标，运用投资组合理论及智能算法，为用户提供智能化的投资咨询和管理服务。智能投顾具有可以量化的算法逻辑，而且具有可被复现、被追踪、被验证的特征。目前典型的智能投顾通常通过在线调查收集客户的财务状况和未来理财目标等信息，进行风险类型和理财性格等方面的综合评价，然后提供理财建议和支持客户投资。

（四）智能客服

目前，智能客服应用范围越来越广泛。智能客服主要是以语音识别、自然语言理解、知识图谱等为技术基础，通过电话、短信、网页、手机 App、微信等渠道与客户进行语音或文本上的互动交流，从而理解客户需求，回复客户提出的业务咨询，提升客户满意度。相较于传统人工客服，智能客服有如下优势：一是可以“7×24”小时在线服务；二是有效降低客服人力成本；三是提升用户网站活跃时长。

（五）征信反欺诈

利用人工智能反欺诈的原理，通过对数据的采集和分析，再利用机器学习及复杂网络等模型算法技术，建立人工智能反欺诈模型，对数据进行深度挖掘，从而发现欺诈者隐藏的蛛丝马迹。利用人工智能进行大数据分析，使用知识图谱等技术大规模监测客户（含潜在客户）经济行为数据，查找数据的矛盾点和可疑点，加上与传统经验规则配合使用，可以有效发现可能存在的欺诈疑点，从而降低征信风险。例如，从海量证据文件中识别和提取特殊利益主体，分析其交易轨迹、行为特征及其他关联信息，可以更快、更准确地打击地下洗钱等违法犯罪活动。

（六）信贷决策

在信用风险管理方面，人工智能能够利用大数据技术，搜集许多的数据维度来描述，作为风险评估的重要依据。依托高维度的大数据和人工智能技术对风险进行及时有效的识别、预警、防识，包含数据收集、行为建模、用户画像和风险定价，帮助信贷审批人员对用户进行履约能力和意愿等方面的综合评定，提高信贷风险管控能力。

11-5 知识小测试

第四节　互联网金融与现代文化创意产业

文化创意产业作为一种以创造力为核心的新兴产业，已逐步成为全球经济发展的新动力。互联网金融作为依托互联网技术及信息通信技术的新型金融业务形态，可有效缓解文化创意产业在融资方面遇到的问题，在助推文化创意产业发展方面有其天然优势。但也存在互联网金融潜在风险蔓延、机构联动缺乏、复合型人才稀少、监管不足等突出问题，需要互联网金融行业、文化创意产业、政府三方着力，创新经营模式与监管方式，发挥互联网金融在文化创意领域的正向作用，促进文化创意产业的持续稳定发展。

一、互联网金融支持下的文化创意产业发展优势

（一）为文化创意企业提供更多的融资渠道

互联网金融推动了文化创意产业朝稳定、健康的方向发展。在影视产业融资方面，目前大部分电影、电视剧及娱乐节目的资金均来源于众筹、网贷类平台。其中较为出名的便为由阿里巴巴联合金融机构打造的娱乐宝。该平台在影视剧、综艺及游戏等文化产业均投入了庞大的资金，为娱乐宝成为全球最大的C2B平台奠定了坚实的基础。娱乐宝发展模式的成功为文化产业融资指明了新的发展方向。由于股权投资、众筹等文化金融新兴模式的涌现，中小文化企业的融资渠道通过互联网金融的方式得以不断拓宽，创新了文化创意产业的投资模式。文化创意企业在资金方面得到了互联网金融的支撑，使其融资困境得以有效解决，可将更多的时间与精力投入文化产品的创作、宣传及推广，有助于推动文化创意产业的持续发展。

（二）低交易成本有利于降低企业融资成本

降低交易成本作为互联网金融的突出优势之一，主要表现在三个方面：首先，互联网金融的交易双方可通过网络建立联系，可大量减少实体网点的设立，从而达到节约运营成本的目的；其次，通过运用网络信息化平台，使贷款的中间环节变得更加简便，因此交易的时间与经济成本将大幅减少；最后，通过大数据、云计算等高科技手段，可加快对贷款者的风险识别、征信等评估调查的速度，相较于传统金融模式，节约了大量的时间、人力、物力和财力。

（三）高效快捷的服务有利于降低融资难度

互联网金融利用互联网技术、信息通信技术便可实现资金融通、支付、投资及信息中介服务。融资双方可通过网络自主进行业务撮合与办理，具有借款门槛低、操作流程简

捷、审核效率高等特点。目前，互联网金融已实现24小时服务，金融产品的种类日益增加。互联网金融不再受时间、地点限制，可随时随地为客户提供服务，为互联网金融拓宽客户奠定了坚实的基础。此外，互联网金融具有民生性、普惠性的特点，可灵活应对多样化的融资需求，显著降低了文化创意产业的融资门槛，推动了文化创意产业的迅猛发展。

11-6 知识小测试

二、互联网金融支持文化创意产业发展过程中存在的问题

(一)互联网金融相关风险逐步蔓延至文化创意产业

在互联网金融发展的进程中，不可避免地将不断面临各种风险。其中，最主要的风险可分为以下三种。

首先为信用风险。大数据技术可显著降低传统金融模式的信息不对称问题，但由于互联网具有虚拟的特性，将大幅提高互联网金融的信用风险。此外，在目前的互联网贷款平台中，如在P2P贷款平台可进行无抵押贷款，该种贷款方式无疑进一步加大了互联网金融的信用风险。

其次为技术信息风险。互联网金融的服务模式是将互联网与传统金融有效结合，互联网金融的崛起离不开互联网及信息技术的日益完备，若脱离互联网，互联网金融业将难以维系。但实际上，目前我国存在技术缺陷的互联网金融平台仍大量存在，一旦文化创意企业通过此类平台申请融资，将使其自身同样面临较大的风险。这种风险包括信息泄露、资金损失等。

最后为监管风险。互联网金融作为新的金融业态，目前对该行业的监管仍未到位，负责监管的部门众多，职责不够明确，创立平台的门槛及违约的成本均相对较低。正是由于上述风险，导致互联网金融支持下的文化创意企业的发展更具挑战性，增加了文化创意产业面临的风险。

(二)助推文化创意产业发展的互联网金融规范缺乏

文化创意产业的特征为具有资本密集与知识密集性，这两种特性使其在现代服务业中长期处于优势地位，但同时标志着文化创意产业为了维持长期稳定的发展，必须有强大的产业政策作为支撑。为确保文化创意产业发展的高质量与可持续，必须拟定科学、完善的法律与政策体系。近年来，尽管我国已陆续推出了一系列与互联网金融风险专项整治相关的政策及措施，但整体而言，此前的政策、措施大多针对的是整个互联网金融领域，并未对互联网金融与文化创意产业的融合发展产生显著影响。其具体体现在以下两个方面：一方面，已颁布的政策、措施所约束的重要对象为P2P网贷，但文化创意产业对P2P网贷的应用相对较少。因此，此前的政策并未对文化创意产业的发展产生具有威慑力的影响。另一方面，早在2016年国家便一再强调必须全力发展众筹模式。尽管众筹属于互联网金融强力助推文化创意产业发展的一种融资形式，但政府等相关部门并未制定相关的推动及监管政策及措施。如何促使众筹和众创合作共赢？文化众筹如何充分

发挥其对文化创意产业发展的推动作用？如何应对其中存在的各种未知性风险？对于这些问题，目前尚未制定相关的制度或政策作为操作依据。今后，对互联网金融进行规范化、制度化的严格监管将成为防范互联网金融及文化创意产业风险的必然之举。

（三）文化创意产业与互联网金融机构之间缺乏联动

文化创意产业与互联网金融机构之间缺少有效的协同联动，主要体现在以下几方面。

首先，传统的文化创意企业不善于运用金融工具，尤其大部分国有文化创意企业由文化事业单位转制而来，其原有的资金主要来自财政拨款，尚未适应当下的市场化经营体制，一旦遇到资金问题时，仍习惯于向上求助，寄希望于主管部门的拨款，主观能动性较差。民营文化创意企业绝大部分为中小型企业，真正有实力的相对较少，极易被互联网金融机构排斥，大多仍需通过自有资金解决资金方面的需求。

其次，互联网金融机构对文化创意产业仍不够了解，对接的主动性不强。我国文化创意产业起步相对较晚，独立性及专业性不足。绝大多数互联网金融机构基于原有信息与历史经验，对其他传统产业的了解较为充分，但对于文化创意企业的熟悉度相对欠缺，存在信息不对称的情况。此外，互联网金融不仅缺乏对文化产品特点、属性及其营利规律的了解，同时缺乏合理判断风险的能力。金融本身具有强烈的趋利性及避险性，因此互联网金融机构更倾向于将资金投入熟悉且可有效把控风险的行业中，即便文化创意产业拥有政府部门的支持，仍难以激发其投资文化创意产业的积极性。

再者，互联网金融在文化创意产业投资方面缺乏创新。我国长期以来在金融创新领域的发展均相对薄弱，对于文化创意产业的金融创新更为欠缺，金融服务种类中，极少有适用于文化创意企业的。

最后，互联网金融机构设定的贷款门槛对于部分中小型文化创意企业而言仍相对较高。资金的流动性、安全性及其营利性均属于互联网金融机构重点关注的指标，目前使用的投资标准对拥有大量有形资产的企业更为适用。但对于文化创意而言，其抢占市场的方式主要借助于独特的商业模式及人力资源，大多缺乏有形的固定资产，如土地、厂房、设施等。同时，文化创意企业资产如何开展评估、计算盈利、确定资金的使用周期等均与一般企业存在较大差别。此外，大部分互联网金融机构在评估文化创意企业贷款额度时，仍采用对普通企业评估的标准，注重质押和抵押，而文化创意企业普遍缺乏有效的质押物品。

（四）互联网金融和文化创意产业的复合型人才稀缺

我国长期处于缺乏高水平、优质创意人才的状态，且人才的培养长期落后于产业发展的节奏。目前，北京、上海等地已初步形成文化创意产业态势，人才已成为制约文化创意产业发展的主要因素之一。互联网金融与文化创意产业融合过程中面临的最主要的障碍之一便是掌握金融与互联网跨专业发展理论及技术的复合型人才较为稀缺，掌握互联网金融与文化创意产业相关技能的专业人才更为稀少。往往是熟悉互联网金融的不了解文化创意产业，了解文化创意产业的对互联网金融领域不够熟悉。

三、互联网金融助推文化创意产业发展的路径

(一)加强互联网金融风险管理,为企业提供优质服务

风险管理能力的有效提高,有助于互联网金融行业为文化创意产业提供全方位优质的服务,同时有助于创建和谐、稳定、安全的互联网金融体系。

首先,应重视互联网信息与技术的安全性、真实性及完整性,增加资金投入与人才引进措施,促进互联网金融平台技术人员的技能及安全意识的有效提高,确保及时排除安全隐患,修复系统漏洞,杜绝盗用、更改及泄露金融数据,防止损害客户与互联网金融机构的利益。

其次,应创立互联网金融协会,充分发挥协会的作用,加快制定行业规范及相关制度。同时,互联网金融机构应以银行等专业机构为榜样,建立健全机构管理体制,完善机构章程,确立机构法人的主体地位,持续改革创新治理机制。

再者,客户资金应采用第三方托管的形式,防止出现投资人违约或者跑路等类似事件的发生,并应加大力度调查项目发起人的资信能力,改进信息披露、基金管理及隐私保护等相关规章制度,使信贷流程更加规范化。此外,应合理划分各类贷款,对授信对象的财务情况及时跟进,严格把控各类可能出现的信用风险。例如,对于众筹融资模式在文化创意产业中的应用,我国可借鉴美国JOBS法案的相关条例,规定众筹平台必须依照相关规定在证监会及其派出机构登记注册,同时必须在全国成立互联网金融业协会,以便各类平台进行备案登记,确立各平台的监管机构及监管准则。

(二)构建产业政策支撑体系,助推文化创意企业发展

互联网金融作为一种新式的金融形态,其突出优势在于可处理文化创意产业融资的问题。为使文化创意企业更好的发展,政府应加快制定相关政策体系的步伐,鼓励文化创意企业与互联网金融在融合的基础上改革与创新,并不断整改及完善。

首先,应严格规范互联网金融的市场准入制度及企业内部的管理制度。其次,应加强对金融监管机构的监督力度,明确互联网金融管理办公室与各地政府的职责及义务,强化监管部门间的协作与交流,避免互联网金融行业隐藏风险的发生。最后,在监管内容的完善方面,既应合理优化互联网金融市场准入体系,同时应加强监管服务实体的经济行为,对资金存管业务及信息披露规范进行动态监测,以促使互联网金融助推下的文化创意产业发展取得显著成效。

此外,互联网金融服务机构应根据文化创意产业的特点,制定合理的信用评级与管理制度。加大建设市场化征信体系的力度,借助互联网技术设立由工商、税务及银行等多部门协作参与的社会化信息平台。平台具体应包含评价、担保、信用征集等多种功能,以规避企业多头借贷的风险,提升信息的公开透明度。对于满足要求的信息数据与平台,可将其引入央行的征信系统,全方位提升信用信息的共享程度。

(三)增加互联网金融机构与文化创意企业之间的联动

为突出互联网金融的支柱地位,加大互联网金融机构与文化创意企业间的高效互

动，首先，文化创意企业应切实意识到互联网金融融资的作用，加大对通过互联网金融融资渠道融资的重视，使互联网金融成为文化创意产业的支柱。同时，互联网金融机构应加大力度挖掘与分析交易数据，对文化企业客户进行深入了解，以提高服务效率，降低自身经营的风险。

其次，对文化创意企业而言，为提升文化创意企业管理者自身的管理水平，不仅应改进传统的经营模式，设立内部控制体系，使经营行为更为规范化，提高企业抵御风险的能力，同时应树立诚信意识，重视对企业信用的管理与信用等级的提升。增强企业经营、管理及发展能力，同时提高核心竞争力，使其更易获得各种互联网金融机构的融资。对互联网金融机构而言，必须严格管理其金融产品，以提升产品的品质及市场竞争力。同时应引进专业的财务工作者，使资金管理更加规范、可靠。

最后，互联网金融机构应依据文化创意产业中企业的大小与特点不同，提供定制的金融服务，并借助互联网信息技术创新金融产品，以及建立风险管理体系。例如，对于小微型的文化创意企业而言，衡量企业经营活动成效的关键指标为销售额，应以此为标准确定其授信额度；加大与其他互联网金融机构合作的力度，取长补短，为文化创意企业提供更为全面、周到服务的同时，节约提供金融服务的成本。除此之外，互联网金融机构可组织开展文化创意企业的众筹融资项目。由于众筹具有低门槛、低成本、多样化、草根性、创新性等优点，更适用于处理中小文化创意企业的融资问题。因此，众筹融资成为处理文化创意产业融资困难的重要方式。各互联网金融机构应大力创建以市场细分为依据的各种垂直类型的互联网众筹平台，尤其注重创建专业化、规模化的文化创意类型的众筹平台，为文化创意产业提供最基本的、有针对性的、定制的融资服务，并加大市场调查、商品研制与销售、推广与宣传的力度，提高众筹融资的成功率，从而帮助文化创意产业的各个项目得以顺利实施。

(四)加强复合型人才的培养与引进，提供专业金融服务

现代互联网技术与金融行业的有机结合形成了互联网金融。为实现文化创意产业的全方位发展，应加大力度引进既通晓互联网金融，拥有互联网思维、金融风险控制能力，同时又了解文化创意产业运作方式的高端复合型人才。对此，一方面可通过采取人才引进措施，建立健全复合型文化人才培养体系，优化人才队伍结构，以吸引更多外部人才的加入。另一方面，应重视对已有从业人员的培养与考核，以提高现有从业人员的业务水平与综合能力，使得互联网金融可以准确把握文化创意产业市场的需求与未来发展的趋势，提升互联网金融服务专业性，为文化创意产业提供更具针对性的配套服务与产品。

11-7 当金融遇上科技

参考文献

[1] 埃里克·布莱恩约弗森，安德鲁·麦卡菲. 第二次机器革命——数字技术将如何改变我们的经济与社会[M]. 北京：中信出版集团，2016.

[2] 保罗·萨缪尔森，威廉·诺德豪斯. 经济学[M]. 16 版. 北京：华夏出版社，1999.

[3] 蔡海宁，刘宇梅，谌兰. 互联网金融原理与法律实务[M]. 上海：上海交通大学出版社，2015.

[4] 曹国岭，陈晓华. 互联网金融风险控制[M]. 北京：人民邮电出版社，2016.

[5] 柴若冰，乔香兰，张楠楠. P2P 网络借贷风险分析与防范对策[J]. 保定学院学报，2020(3)：8-14.

[6] 陈道志. 新金融 3.0：打造互联网金融生态圈[M]. 北京：中国商务出版社，2018.

[7] 陈荣达，余乐安，金骋路. 中国互联网金融的发展历程、发展模式与未来挑战[J]. 数量经济技术经济研究，2020(1)：3-22.

[8] 陈学彬. 金融学简明教程[M]. 北京：高等教育出版社，2013.

[9] 程恩富. 经济理论与政策创新[M]. 北京：中国社会科学出版社，2013.

[10] 丛砚敏. 移动金融：支付革命[M]. 北京：清华大学出版社，2014..

[11] 邓雄鹰，郑慧. 银监会李志磊：警惕跨行业交叉性风险上升[EB/OL]. (2014-08-31)[2021-01-30]. https://www.chinanews.com/fortune/2014/08-31/6547372.shtml.

[12] 董悦，马坤. 移动支付风险及应对策略研究[J]. 电脑知识与技术，2018(28)：291-293.

[13] 冯建强，敖婷. 移动支付发展研究[J]. 信息通信，2020(5)：3-5.

[14] 宫彩娟. 构建适宜的互联网金融风险防控网[J]. 人民论坛，2019(9)：82-83.

[15] 谷来锋，赵国玉，邓伦胜. 智能金融——人工智能在金融科技领域的 13 大应用场景[M]. 北京：电子工业出版社，2019.

[16] 关守科，Li Wanchao. 国际比较视角下的中国移动支付发展研究[J]. 金融发展评论，2019(7)：8-13.

[17] 管清友，高伟刚. 互联网金融：概念、要素与生态[M]. 杭州：浙江大学出版社，2015.

[18] 郭勤贵. 互联网金融商业模式与架构[M]. 北京：机械工业出版社，2014.

[19] 何平平，车云月. 互联网金融[M]. 北京：清华大学出版社，2017.

[20] 何平平，邓旭霞，车云月，周春亚，王杨毅彬. 互联网金融法规[M]. 北京：清华大学出版社，2017.

[21] 何晓晨. 互联网金融及其风险研究[J]. 西部皮革，2016(07)：92-93.

[22] 侯晓玥. 大数据金融的风险与挑战分析[J]. 商场现代化，2019(2)：122-123.
[23] 胡挺. 互联网金融与金融互联网：替代抑或竞合？[EB/OL]. (2013-10-31)[2021-01-30]. http://epaper. bjnews. com. cnhtml2013-10/31/content_474431. htm? div=-1.
[24] 黄达. 金融学[M]. 北京：中国人民大学出版社，2011.
[25] 黄国平. 完善互联网金融信息和征信体系建设[N]. 经济日报，2016-10-06(006).
[26] 黄一彬，陈敬和. 加强金融行业网络安全[EB/OL]. (2019-09-09)[2021-01-30]. https://www. financialnews. com. cn/llgdsj201909/t20190909_167591. html.
[27] 黄振东. 从零开始学区块链：数字货币与互联网金融新格局[M]. 北京：清华大学出版社，2017.
[28] 贾肖明，郭家轩. 加强顶层设计　推动互联网金融健康发展[N]. 南方日报，2014-03-07(A14).
[29] 克里斯·白汉金. 众筹的智慧[M]. 北京：电子工业出版社，2016.
[30] 郎咸平. 新经济颠覆了什么[M]. 北京：东方出版社，2016.
[31] 李爱君. 互联网金融法律与实务[M]. 北京：机械工业出版社，2015.
[32] 李保旭，韩继炀，冯智. 互联网金融创新与风险管理[M]. 北京：机械工业出版社，2019.
[33] 李开复，王永刚. 人工智能(李开复谈 AI 如何重塑个人、商业与社会的未来图谱)[M]. 北京：文化发展出版社，2017.
[34] 李天阳. 一本书读懂互联网金融[M]. 北京：北方文艺出版社，2016.
[35] 李耀东，李均. 互联网金融框架与实践 [M]. 北京：电子工业出版社，2014.
[36] 林勇. 经济学原理简明教程[M]. 北京：高等教育出版社，2011.
[37] 刘鹏. 互联网金融监管与规范：在竞争与规制之间[M]. 北京：知识产权出版社，2019.
[38] 刘琦. 我国 P2P 网络借贷的运营模式与风险防控[J]. 商，2015(24)：182.
[39] 刘志洋，宋玉颖. 互联网金融风险及监管研究[M]. 北京：中国金融出版社，2017.
[40] 罗明雄，唐颖，刘勇. 互联网金融[M]. 北京：中国财政经济出版社，2014.
[41] 马克思. 资本论第一卷[M]. 北京：人民出版社，2004.
[42] 马修·莎尔加尼克. 计算社会学[M]. 北京：中信出版集团，2019.
[43] 迈克斯·泰格马克. 生命 3.0(人工智能)[M]. 杭州：浙江教育出版社，2018.
[44] 曼昆. 经济学原理[M]. 5 版. 北京：北京大学出版社，2009.
[45] 欧阳日辉. 互联网金融创新蓝皮书：中国互联网金融创新与治理发展报告(2019)[M]. 北京：社会科学文献出版社，2019.
[46] 欧阳日辉. 互联网金融监管：自律、包容与创新[M]. 北京：经济科学出版社，2015.
[47] 深圳前海瀚德互联网金融研究院. 区块链金融[M]. 北京：中信出版社，2016.
[48] 盛佳，柯斌，杨倩. 众筹：传统融资模式的颠覆与创新[M]. 北京：机械工业出版社，2014.
[49] 时寒冰. 经济大棋局，我们怎么办[M]. 上海：上海财经大学出版社，2011.

[50] 史青林. F 汽车金融公司“互联网+”战略研究[D]. 大连:大连理工大学,2019.
[51] 斯蒂格利茨. 经济学[M]. 4 版. 北京:中国人民大学出版社,2010.
[52] 唐文剑,吕雯等. 区块链将如何重新定义世界[M]. 北京:机械工业出版社,2016.
[53] 唐旭. 金融理论前沿课题[M]. 北京:中国金融出版社,2009.
[54] 托马斯·皮凯蒂. 21 世纪资本论[M]. 北京:中信出版社,2014.
[55] 王国刚. 从互联网金融看我国金融体系改革新趋势[J]. 红旗文稿,2014(8):9-13,1.
[56] 王骥. 新未来简史:区块链、人工智能、大数据陷阱与数字化生活[M]. 北京:电子工业出版社,2018.
[57] 王江汉. 移动互联网概论[M]. 成都:电子科技大学出版社,2018.
[58] 威廉·戈兹曼. 千年金融史[M]. 北京:中信出版社,2018.
[59]《我是未来》节目组编. 遇见未来——21 种正在改变世界的神奇科技[M]. 南京:江苏凤凰文艺出版社,2018.
[60] 吴惠惠. 智能停车引导及 NFC 支付系统的设计与分析[J]. 电子科技, 2015(8):122-125.
[61] 吴晓求. 互联网金融——逻辑与结构[M]. 北京:中国人民大学出版社,2015.
[62] 武长海,涂晟. 互联网金融监管基础理论研究[M]. 北京:中国政法大学出版社,2016.
[63] 习辉. 金融百年——从袁大头到互联网金融[M]. 北京:电子工业出版社,2016.
[64] 习近平. 习近平谈治国理政(第一卷)[M]. 北京:外文出版社,2014.
[65] 习近平. 习近平谈治国理政(第二卷)[M]. 北京:外文出版社,2017.
[66] 习近平. 习近平谈治国理政(第三卷)[M]. 北京:外文出版社,2020.
[67] 谢平,邹传伟,刘海二. 互联网金融手册[M]. 北京:中国人民大学出版社,2014.
[68] 谢平. 互联网金融九堂课[M]. 北京:中国计划出版社,2017.
[69] 谢平. 金融互联网化的新趋势与新案例 [M]. 北京:中信出版集团, 2017.
[70] 徐二明,谢广营. 互联网普惠金融发展趋向:制度性创业视角[J]. 中国流通经济,2015(7):61-69.
[71] 薛岩,施文胜,濮奕. 移动支付的风险及防范措施探析[J]. 金融科技时代,2019(4):52-54.
[72] 杨东,文诚公. 互联网金融风险与安全治理[M]. 北京:机械工业出版社,2016.
[73] 姚文平. 互联网金融——即将到来的金融新时代[M]. 北京:中信出版社, 2014.
[74] 尤瓦尔·赫拉利. 今日简史[M]. 北京:中信出版社,2018.
[75] 尤瓦尔·赫拉利. 人类简史[M]. 北京:中信出版社,2017.
[76] 尤瓦尔·赫拉利. 未来简史[M]. 北京:中信出版社,2018.
[77] 张成虎. 互联网金融风险管理[M]. 北京:中国金融出版社,2020.
[78] 张弘,昝杨杨. 文化创意产业的融合机制研究——以北京市为例[J]. 企业经济,2018(6):119-126.
[79] 张杰. 互联网金融发展与小微企业融资创新[M]. 北京:经济管理出版社,2018.
[80] 张劲松. 网络金融[M]. 北京:机械工业出版社,2015.

[81] 张晓朴,姚勇等. 未来智能银行 金融科技与银行新生态[M]. 北京:中信出版社,2018.

[82] 张懿玮,高维和. 自我建构、文化差异和信用风险——来自互联网金融的经验证据[J]. 财经研究,2020(1):34-48.

[83] 赵刚. 数字化信任——区块链的本质与应用[M]. 北京:电子工业出版社,2020.

[84] 赵英军. 西方经济学[M]. 北京:机械工业出版社,2009.

[85] 中国互联网金融协会. 互联网金融法律制度汇编与案例精选[M]. 北京:中国金融出版社,2018.

[86] 中国支付清算协会. 中国支付清算行业运行报告(2015)[M]. 北京:中国金融出版社,2015.

后　记

“互联网金融与大众生活”是台州学院全校性通识选修课，也是思想政治教育专业的专业选修课，旨在对学生进行互联网金融知识的普及介绍，促进学生互联网金融生活运用技能的提升，帮助学生正确识别互联网金融风险，树立正确的消费观、财富观、理财观和人生观，避免提前过度消费、盲目负债、误入网贷陷阱等。本人从事该课程教学已有 6 年，没有发现特别适合各本科专业的通识选修课教材。现有的教材多为高深的金融学或科技金融教材，理论化程度高，比较适合专业学者和专业学生。本课程多年来都是采用自编讲义进行授课，因此心中一直存有编写一本适合通识选修课教材的念头。2017 年 5 月，学校提倡编写新形态教材，《互联网金融与大众生活》被列入台州学院新形态教材项目，2019 年 3 月又入选第二批浙江省普通高校“十三五”新形态教材建设项目，编写新形态教材就从想法变为必须完成的当务之急。

新形态教材之“新”，首先在于理念之新，服务于学生线上线下学习和随时随地学习，教材即课程；其次是内容之新，教材内容反映学科教学的最新进展，体现时代性；再次是形式之新，融合文字、视频、音频、图片等，调动读者的视觉、听觉等来共同服务于学习，把学习和测试融为一体，以测促学。

教材立项以后，教材编写组成员立即着手查阅文献、整理资料、收集案例、编撰习题、制作 PPT、录制视频等，经过差不多两年的努力，教材基本成型，个中辛苦，编者心中自知。在本教材即将出版之际，特别感谢浙江省高教学会和台州学院的立项支持，感谢浙江大学出版社的出版支持，感谢曾夏凤、俞应祥、徐晓莹、蒋清浅、陈书雁、蔡沁霖、屈宇佳等教师和同学的资料整理及校对，没有他们的支持，本教材不会那么顺利成稿。

由于编者水平有限，再加时间匆忙，教材中难免存在许多纰漏与不足，对专家学者的学术研究成果的引用，也许没有一一标注，如果没有标注在此表示歉意，也衷心感谢各位专家学者提供的见解和智慧。教材中如有不当之处，恳请各位专家学者和读者批评指正，提出建设性的意见和建议，我们将在这一版的基础上不断修改完善。

逝者如斯，来者可追，教书育人永无止境。我们将不断探索该课程课堂教学的新模式、新方法，把课堂教学改革、新形态教材建设和资源库建设紧密结合起来，使之相互促进，服务于学生的线上线下混合式学习，最终使学生学有所获，学有所成。

李跃华

2021 年 1 月 30 日